ÉXODO DE TRANSMIGRANTES CENTROAMERICANOS Y TRÁFICO DE PERSONAS:
RELATOS DE UNA CRUDA REALIDAD.
Casos de familias enteras a través de México y Tamaulipas

ÉXODO DE TRANSMIGRANTES CENTROAMERICANOS Y TRÁFICO DE PERSONAS:

RELATOS DE UNA CRUDA REALIDAD. Casos de familias enteras a través de México y Tamaulipas

Jorge Alfredo Lera Mejía

Para realizar pedidos de este libro, contacte con:
Palibrio
1663 Liberty Drive
Suite 200
Bloomington, IN 47403
Gratis desde EE. UU. al 877.407.5847
Gratis desde México al 01.800.288.2243
Gratis desde España al 900.866.949
Desde otro país al +1.812.671.9757
Fax: 01.812.355.1576
ventas@palibrio.com
788485

ÍNDICE

ÉXODO DE TRANSMIGRANTES CENTROAMERICANOS Y TRÁFICO DE PERSONAS: RELATOS DE UNA CRUDA REALIDAD

Casos de familias enteras a través de México y Tamaulipas

Fotos de la Portada extraídas de:

https://laverdadnoticias.com/mundo/Exodo-hondureno-20181020-0088.html

Noviembre de 2018

PRÓLOGO

El fenómeno de la migración mundial en tiempos recientes, ha tenido un giro de 360 grados, volviéndose un tema sumamente espinoso, incluso haciendo retroceder voluntades anteriormente favorables, para aceptar que la población del sur tienda a emigrar y ser aceptados en el norte, tanto en el continente americano, como en los continentes europeo y asiático.

Hoy día, estos movimientos humanos migratorios son reconocidos como "migraciones forzadas", debido a que no se están presentando en forma natural e individual, sino que ahora se registran huidas masivas de un país a otro – principalmente de sur a norte -, y son acompañadas por familias enteras, incluso por niños solos, mujeres embarazadas y mascotas. En algunos casos, con riesgos de enfermedades contagiosas, que ponen en riesgo la salud del propio migrante y la salud pública de los países de destino.

En los últimos tres años, se observan con preocupación oleadas de migrantes expulsados de sus países en plena crisis económica, por falta de empleos; por encontrarse en guerras internas; al sufrir violencia e inseguridad causada por el crimen organizado; por sequías, hambrunas o fenómenos climáticos – terremotos, ciclones, etc. -, todo ello, causando verdaderas fugas masivas de grupos humanos vulnerables, vía caravanas masivas de migrantes, frágiles lanchas o balsas por el mar Mediterráneo, vía cajas de camiones - tráiler -, o en la parte superior de trenes de carga ("La Bestia" de México). La mayor parte de estos medios de transporte, con altos riesgos de morir ahogados, asfixiados, hacinados o deshidratados. Estos grupos migratorios, incluso son manipulados y administrados por integrantes del crimen organizado, operando una nueva forma de "tráfico y trata de personas", vulnerando la vida misma y los derechos humanos de los migrantes. Este éxodo migrante de centroamericanos, se suma a la propia emigración de mexicanos del sureste del país, así como de Michoacán, Guanajuato y Zacatecas, entre otros.

No obstante las opiniones optimistas de organismos, como el Banco Mundial, que siguen impulsando la opción de emigrar para la búsqueda de un buen futuro y de mejores oportunidades de vida, señalando que este fenómeno es favorable tanto para los países de origen como de destino. Esto se corrobora en el comentario expresado en junio 2018 por el Banco Mundial:

> *"... La migración mundial ha sacado a millones de personas de la pobreza y fomentado el crecimiento económico, según concluye un nuevo informe del Banco Mundial. Sin embargo, si los países de destino no implementan políticas que aborden las fuerzas del mercado laboral y gestionan las tensiones económicas a corto plazo, corren el riesgo de salir perdiendo en la competición mundial por el talento y de dejar grandes vacíos en su mercado de trabajo..."*
> (Banco Mundial, 2018).

Desde los ataques del 11 de septiembre de 2001, la migración indocumentada se ha identificado como una amenaza potencial para los Estados Unidos de América (EUA), ante la posibilidad de que grupos terroristas busquen internarse sin ser detectados, aprovechando los medios y las rutas por los cuales cientos de miles de migrantes indocumentados se internan anualmente de manera no autorizada en ese país. Ante todo, resulta necesario cuestionarse si tanto en EUA como en México, la idea de que la migración constituye una amenaza a la seguridad nacional puede representar un caso de xenofobia enmascarada. Es decir, las aristas en los vínculos entre migración y seguridad nacional pueden fomentar la exacerbación de posiciones discriminatorias, racistas o xenófobas, aquí y allá.

No está clara cuál debe de ser la postura de México como país, ante la crisis migratoria de los hermanos de Centroamérica y de nuestros propios paisanos mexicanos emigrantes. Como seres humanos, sin duda es ayudarles, ser solidarios. Respetar sus Derechos Humanos. Nadie hace nada para merecer haber nacido en una familia que no vive las atrocidades que enfrentan quienes deciden emigrar de Centroamérica. Si no hemos ni siquiera considerado esa opción, como una alternativa viable. Si tenemos oportunidades de trabajo de desarrollo en nuestras ciudades y si nuestra integridad física está, en buena medida, garantizada; tenemos una razón para estar agradecidos, viendo a lo que se enfrentan muchos otros.

Sin embargo, la postura de la autoridad es más difícil. El gobierno mexicano tiene que navegar con la presión de cuidarle la espalda a Estados Unidos, respaldando la política migratoria de este país por nuestra dependencia económica; pero también la de respetar los derechos humanos de los migrantes, de darles un trato digno y, también la de darles la oportunidad de aspirar a una mejor vida.

En este sentido, la deportación de los indocumentados de Centroamérica, no es la mejor opción. Ese discurso siempre se estrella con nuestras propias quejas, hacia el trato que las autoridades migratorias de EUA dan a nuestros propios migrantes cuando son atrapados y deportados. Seguido se escuchan lamentos sobre el maltrato y el tipo de xenofobia del que son tratados los mexicanos ilegales en EUA. ¿Cómo debemos ser con el caso de los migrantes del sur de México? Un programa social regional, entre nuestro gobierno y los gobiernos de Centroamérica, puede hacer el trato migratorio más humano. Que quienes sean detenidos en México puedan acceder automáticamente a algún tipo de protección y vigilancia del gobierno de Honduras, por ejemplo. El futuro está en tener mayor empatía y abrazar una política migratoria un poco más abierta. Se presenta una nueva hipótesis central, ante la barrera o muro infranqueable que la administración de

Donald Trump declara al sellar la frontera sur con México, es ¿Se sustituirá el viejo "sueño americano" por un "nuevo sueño mexicano"?

Por lo hasta aquí descrito, este trabajo documental, busca describir el fenómeno de *migración forzada y triangulada por medio de caravanas y éxodos migratorios*, citando experiencias vividas por el tráfico de centroamericanos "Transmigrantes", en su tránsito desde Honduras, El Salvador, Guatemala, hasta el estado de Tamaulipas. Así como otros destinos principales como Ciudad Juárez y Tijuana.

La narrativa y metodología del libro, se basa principalmente en las propias publicaciones periódicas del autor, que colabora en diez medios locales de comunicación, para lo cual se insertan las columnas editoriales publicadas sobre los temas de migración, remesas de migrantes, tráfico de personas, inseguridad, en el periodo reciente de los años 2017 a 2018. Por lo que se constituye en libro de relatos, anécdotas e historias de vida. Al inicio de la investigación, se presentan algunas estadísticas tanto de la migración propia de mexicanos como de centroamericanos, se repasan algunas teorías sobre migración, tráfico y trata de personas, presentados como introducción y antecedentes.

"Fin del sueño americano"

¿Se sustituirá el viejo "sueño americano"
por un nuevo "sueño mexicano"?

PARTE PRIMERA

ANTECEDENTES DE LA MIGRACIÓN HACIA EUA Y LA TRATA DE PERSONAS

Antecedentes de la emigración hacia EUA

1. Emigración desde América Latina y el Caribe hacia EUA

Las características, de origen y destino de las migraciones desde, en y para América Latina y el Caribe, fueron estudiadas con gran acierto por el más reciente Informe de la Organización Internacional para las Migraciones (OIM) (Organización Internacional para las Migraciones, 2018), organismo dependiente de la Organización de las Naciones Unidas (ONU):

[...] Una característica fundamental de la región de América Latina y el Caribe es la migración hacia América del Norte. En 2015, aproximadamente 25 millones de migrantes habían emprendido la travesía hacia el norte y residían en América del Norte. La población de América Latina y el Caribe que vive en América del Norte ha aumentado de manera considerable a lo largo del tiempo: se calcula que ha pasado de 10 millones en 1990 hasta casi 25 millones en 2015. Otros 4.6 millones se encontraban en Europa, un aumento respecto de los 1.1 millones de 1990. El número total de migrantes de otras regiones que vive en América Latina y el Caribe se ha mantenido relativamente estable, en torno a los 3 millones durante los últimos 25 años. Este grupo está formado principalmente por europeos (cuyo número disminuyó ligeramente durante el periodo mencionado) y norteamericanos (cuyo número aumentó).

En 2015, México fue, con creces, el principal país de emigración de América Latina y el Caribe. Ese año, más de 12.5 millones de personas nacidas en México vivían en el extranjero, convirtiendo al país en el segundo país de origen de migrantes más importante del mundo después de la India. La mayoría de los emigrantes mexicanos vivían en los Estados Unidos de

América (EUA), lo que explica que el corredor que une México y los EUA continúe siendo el mayor corredor migratorio entre países del mundo.

Muchos otros países de América Central como El Salvador, Guatemala y Honduras también cuentan con importantes poblaciones de migrantes en los EUA, al igual que lo hacen países de América del Sur como Colombia, el Ecuador, el Brasil y el Perú.

También existen numerosas poblaciones de migrantes de América del Sur en otras zonas de la región. En 2015, casi 1 millón de colombianos vivían en la República Bolivariana de Venezuela, aunque los recientes acontecimientos acaecidos en ese país han modificado los patrones de migración de los últimos años. Argentina contaba con la mayor población de origen extranjero de la región (más de 2 millones de migrantes), que se componía principalmente de personas procedentes de países vecinos como el Paraguay y el Estado Plurinacional de Bolivia. La República Bolivariana de Venezuela contaba con la segunda mayor población de migrantes de la región, seguida de México y el Brasil.

En México, había 880,000 migrantes nacidos en los EUA, de los 20 principales países de inmigración y emigración de la región, Costa Rica presentaba el mayor porcentaje de inmigrantes respecto de su población total (casi el 9%), debido a la tradicional migración desde la vecina Nicaragua. Otros países de la región, pese a no figurar entre los 20 principales países de migrantes, presentaron una mayor población de migrantes como porcentaje de su población total, como Belice, con un 15%.

La característica más llamativa de los principales corredores migratorios dentro y desde la región es el predominio de los Estados Unidos de América como principal país de destino. La mayoría de los corredores se dirigen hacia los

EUA, mientras que el resto discurre dentro de la región (por ejemplo, de Colombia a la República Bolivariana de Venezuela. Hoy día, a la inversa, por la reciente crisis del régimen de Nicolás Maduro). Estos corredores representan una acumulación de movimientos migratorios producidos a lo largo del tiempo y ofrecen una idea general del modo en que los patrones de migración en determinados países de destino han dado lugar a extensas poblaciones de personas nacidas en el extranjero.

En 2016, Colombia fue el principal país de origen de refugiados en América Latina y el Caribe debido a su prolongado conflicto interno. La mayoría de los refugiados de Colombia fueron acogidos en los vecinos países de la República Bolivariana de Venezuela y el Ecuador. Haití fue el segundo país de origen de refugiados de la región y de él procedían más de 20,000 solicitantes de asilo. México fue el país de origen de 64,000 solicitantes de asilo, seguido de El Salvador (62,000), Guatemala (46,000), la República Bolivariana de Venezuela (45,000) y Honduras (35,000). Muchos de estos solicitantes de asilo se encontraban en los EUA.

2. Migración hispana en Estados Unidos de América

En los Estados Unidos de América (EUA), la cuestión de la inmigración es especialmente compleja. A principios del siglo había alrededor de 29.2 millones de inmigrantes latinoamericanos (Laborde, 2010), que constituyen la segunda más importante minoría de ese país compuesto de múltiples minorías. Estos inmigrantes provienen: 58.7% de México, 15.1% de América Central, 11.4% de Sudamérica, 10.1% de Cuba y 4.8% de República Dominicana. El porcentaje de América Central se descompone así: El Salvador 6.4%, Guatemala 3.1%, Nicaragua 2.3%, Honduras 1.5%, Panamá 1.2%, otros 0.7%. Esta presencia de mexicanos, centroamericanos y de descendientes o «hispanos» como los estadunidenses le llaman, influye de manera directa en la composición social de ese país y hace que esta minoría gane espacios en todos los medios de comunicación.

Estos datos los podemos complementar con un estudio para el año 2007, realizado por el Pew Hispanic Center que dio a conocer en su informe «Mexican-Americans in the United States», 2007. Según el Pew Hispanic Center, la población de origen mexicano que representa, para el año 2007, el 64.3% del total de la población hispana que reside en los Estados Unidos, misma que asciende a 29.2 millones de acuerdo al *Census Bureau American Community Survey*la.

3. Estadísticas sobre migración 2017

Datos más recientes, reconocidos para marzo de 2017, se estima que hay aproximadamente 11 millones de migrantes indocumentados, de los cuales 850 mil son jóvenes en situación de semilegalidad porque han obtenido los que se conoce como DACA. Las estadísticas de inmigración muestran que hay aproximadamente unos 40.4 millones de inmigrantes en Estados Unidos. Esa cifra de migrantes representa el 13 por ciento del total de la población y convierte al país en el primer destino de migrantes a nivel mundial. (Rodríguez, María, 2017).

Desde el punto de vista histórico, el porcentaje de población nacida en otro país en relación a la nacida en EUA está en su segundo punto más alto, justo por detrás del récord establecido en el periodo 1890-1920 cuando grandes números de inmigrantes europeos llegaron a las costas de Estados Unidos, llegando a alcanzar el 15 por ciento del total de la población.

Los hispanos en Estados Unidos son 57 millones de personas. Es decir, uno de cada 17 residentes del país es de origen latino. Este poderío demográfico se traduce en que son la minoría más grande, por delante de los afroamericanos.

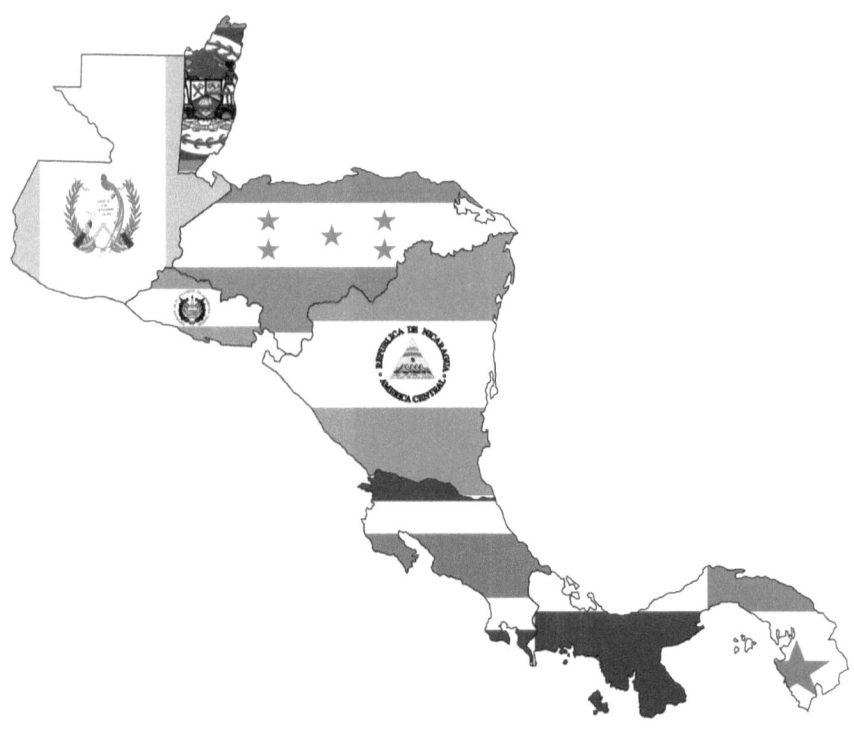

Anualmente aproximadamente un total de 700 mil migrantes se convirtieron en ciudadanos americanos por naturalización.

Los países de origen del que proceden los nuevos americanos son, de mayor a menor: México, Filipinas, India, República Dominicana y China.

Aproximadamente cada año un total de 1 millón personas se convirtieron en residentes permanentes legales. Por país de origen, estos fueron los mayores procedentes de titulares de la *green card:*

1. México, con 145,326; 2. China, con 78,184;
3. India, con 63,320 4. Filipinas, con 55,441;
5. República Dominicana, con 41,535

De ellos, 478,780 obtuvieron la tarjeta de residencia por ser esposos, hijos 1 o padres de ciudadanos americanos. Además, 143,998 la consiguieron por razones de trabajo, 40,320 porque ganaron la lotería de visas, 105,520 por ser refugiados, 45,086 por ser asilados y 6,818 porque se le concedió una cancelación de la deportación (Rodríguez, María, 2017).

4. Indocumentados

Su número se calcula en unos 11.1 millones de personas, de ellas sobre un millón son menores de 18 años. Se considera que el 58 por ciento de ellas son nativas de México.

Una circunstancia que amerita resaltarse es la frecuencia de las familias mixtas, donde los padres son indocumentados y los niños son americanos, ya que se estima que hasta 4.5 millones de menores ciudadanos tienen padres sin papeles migratorios legales. Se calcula que el 25 por ciento de los indocumentados trabajan en el sector agrícola.

5. Visas No Inmigrantes

El número total de visas no inmigrantes emitidas por las embajadas y consulados de los Estados Unidos ronda el total de 9 millones. De ellas, más de cinco millones son visas de turista, un millón más de la combinación de esas visas con tarjetas de cruce de frontera y 450,000 más de visas láser para mexicanos que viven junto a la frontera.

Además, destacan casi medio millón que se emiten a estudiantes y 27,561 a familiares de estos. El tercer número en importancia numérica es para las de intercambio o J-1, de las que se conceden anualmente más de 313,431 más 35,000 para los familiares inmediatos de los participantes en uno de esos programas de intercambio.

El país que recibe un mayor número de visas de turista es México, con más de un millón, seguido por China, Brasil, India, Colombia Venezuela, Rusia y Filipinas (Rodríguez, María, 2017).

6. Deportaciones

Según datos disponibles del año fiscal 2015, fueron deportados 235,413 migrantes, lo que significó un decline importante en relación al año 2012, cuando fueron deportados más de 409 mil migrantes. Análisis del proyecto TRAC de la Universidad de Syracuse, con base en cifras del gobierno federal, precisó además que en los primeros nueve meses del año fiscal 2017 (de octubre de 2016 a junio de 2017), los mexicanos representaron casi la tercera parte de todos los individuos deportados en ese periodo. (TRAC, 2017).

En total, de acuerdo con las cifras, 84 mil 126 personas han sido deportadas en los primeros nueve meses del año fiscal 2017, tras obtener una decisión adversa en su juicio de deportación. Las otras nacionalidades con mayor número de individuos deportados en el periodo de octubre de 2016 a junio pasado fueron Guatemala (15 mil 715); Honduras (13 mil 598) y El Salvador (11 mil 280).

Mientras tanto, 16 mil 32 mexicanos lograron quedarse en Estados Unidos en lo que va del año fiscal 2017, luego de enfrentar un juicio de deportación, cuyo fallo les resultó favorable. Un total de 71 mil 259 extranjeros lograron permanecer en este país, tras la decisión de una corte migratoria.

En otra serie de datos, el proyecto TRAC señaló que en el periodo de octubre del año anterior a junio pasado, 37 mil 352 mexicanos fueron referidos a cortes migratorias en Estados Unidos, de un total de 169 mil 507 casos.

En comparación con cifras anteriores, TRAC destacó que en el año fiscal 2017, cuyos últimos cinco meses (hasta junio) han correspondido a la administración del presidente Donald Trump, menos mexicanos han sido enviados a juicio de deportación que durante el año fiscal 2016.

Las cifras del gobierno federal apuntan que 52 mil 724 mexicanos enfrentaron juicios de deportación en 2016, de un total de 257 mil 235 extranjeros. Entre octubre pasado y junio de este año, cuatro mil 150 mexicanos al mes, en promedio, han enfrentado juicios de deportación, frente a los cuatro mil 393 del anterior año fiscal, durante la administración de Barack Obama.

Las fuentes estadísticas norteamericanas más confiables son: El Statistical Year Book del Departamento de Justicia, Executive Office for Immigration Review, para asuntos de Cortes de Inmigración y asilo. Para datos sobre naturalización, consultar USCIS o DHS. El ICE para datos relacionados con deportaciones. El Departamento de Estado (DoS, por sus siglas en inglés), sobre visas. El Yearbook of Immigration Statistics para información sobre residencia permanente. Pew Hispanic Institute para datos sobre indocumentados y la comunidad hispana.

7. Ciudadanía transnacional y derechos políticos

El concepto de ciudadanía transnacional ha sido acuñado recientemente por varios autores, donde se resaltan los lazos culturales y económicos para justificar por qué los migrantes que viven en un país distinto retienen el derecho de seguir siendo ciudadanos de su país de origen.

Estas reflexiones se centran en las dimensiones binacionales y transnacionales del fenómeno migratorio, entendiendo estas últimas como una compleja red de intercambios entre los lugares de origen y de destino que transforma tanto a los individuos como a los contextos.

Globalmente, los lazos entre los migrantes y su país se crean tanto en los ámbitos cultural y económico como en el político (Le Texier, 2003). Reconociendo que en el caso de México y Estados Unidos, existe una clara relación de interdependencia de la cual no podemos hacer abstracción en cuanto a la relevancia de la migración y sus contribuciones en la realidad transnacional de América del Norte.

Es así que las implicaciones para las políticas y relaciones México- Estados Unidos son muy claras. Sería útil cambiar el enfoque hacia la inmigración como problema de cumplimiento de las leyes reconociendo que las soluciones a largo plazo pueden encontrarse sólo en el contexto de una creciente interdependencia económica y social de México y Estados Unidos (Smith, 2001).

Este nuevo concepto de ciudadanía transnacional incorpora elementos culturales propios de los procesos migratorios. Para autores como Ibarra (2007), otra variante de esta ciudadanía flexible se denomina ciudadanía migrante, la cual se encuentra en sintonía con la ciudadanía transnacional a la que nos adscribimos en este documento.

Los propósitos de esta modalidad de ciudadanía han llevado a la realización de múltiples reformas impulsadas por los migrantes en un ejercicio de sus libertades y derechos políticos, a fin de concretar integración en el país de destino, sin abandonar la condición ciudadana de sus lugares de origen.

Bajo este nuevo esquema, el migrante como minoría social tiene el derecho y los espacios legales e institucionales para votar y ser votado, organizarse políticamente de manera independiente, y ser parte de los proyectos políticos de los partidos.

El estatuto ciudadano en un marco transnacional no podría dejar de lado la inclusión de derechos socioeconómicos, para fomentar el crecimiento y desarrollo económico de las personas y las comunidades a las que pertenecen los migrantes. De allí que la libertad y otros derechos políticos se tendrían que ver reflejados en mejores empleos, salarios dignos, alimentación y otros aspectos determinantes para el desarrollo integral de las comunidades transnacionales.

Con relación a la incorporación del libre tránsito, más allá de los límites estatales, se puede argumentar en consonancia con Ibarra (2007) que el derecho de tránsito tendría que pensarse como una especie de derecho transnacional...también se tratara en este trabajo el llamado derecho cosmopolita propuesto por David Held (1997), es decir, como un derecho no esencialmente territorializado. De esta manera, tendríamos posibilidades de crear un estatuto especial dentro de la ciudadanía, el cual podría ser temporal y garantizar el traslado de un país a otro, durante el tiempo que ello dure.

A pesar del enorme reto de transformar o redimensionar la condición ciudadana de los migrantes en el horizonte transnacional, ya que ello depende de múltiples factores políticos, institucionales y legales de gran envergadura, también es cierto que los derechos ciudadanos son un terreno fluido que cambia de acuerdo con la relación de fuerzas entre el Estado y sus ciudadanos (Escobar, 2005), por lo que las posibilidades de cambio favorable están más presentes hoy en día que en todo el siglo pasado.

Así, el doble movimiento de las instituciones hacia los ciudadanos y de los ciudadanos hacia las instituciones podrá derivar en una reconstrucción ciudadana acorde al transnacionalismo, y ello no sería nuevo, ya que hay antecedentes que han aportado al transnacionalismo, sin que ello implique el debilitamiento del nacionalismo.

La promoción estatal de sujetos transnacionales puede redundar en una democracia más acabada, así como en la incorporación de un ingrediente importante para la creación de oportunidades de desarrollo en el marco de la globalización y un renovado ejercicio de la economía transnacional, que busque mejores respuestas al modelo de Estado-nación vigente.

La deuda política con el grupo social de migrantes nace desde el momento en que por falta de oportunidades de desarrollo los mexicanos toman la decisión de emigrar, en ese sentido, el tema de los derechos se hace ineludible en la discusión sociopolítica de la migración.

Al respecto, en tiempos recientes los migrantes han logrado la conquista de algunos de sus derechos tanto en sus países de origen como en los de destino, a través de la creciente participación social y la organización con fines políticos y de promoción del desarrollo en México y Estados Unidos.

Las conquistas sociales de los migrantes tanto en Estados Unidos como en México, a pesar de ser pocas, en relación con sus necesidades en ambos países, siguen creciendo, sin embargo se han dado recientes aprobaciones de Leyes Antinmigrantes (Ley Arizona SB-1070 y sus copias en otros estados de EUA), quizá con el relevo presidencial en Estados Unidos en 2012 con el Partido.

8. Seguridad nacional y migración en México

Desde los ataques del 11 de septiembre de 2001, la migración indocumentada se ha identificado como una amenaza potencial para los Estados Unidos de América, ante la posibilidad de que grupos terroristas busquen internarse sin ser detectados, aprovechando los medios y las rutas por los cuales cientos de miles de migrantes indocumentados se internan anualmente de manera no autorizada en ese país.

La reacción inmediata fue la "securitización de la migración" a través de estrictas medidas de seguridad en los aeropuertos internacionales, lo cual significó una exhaustiva supervisión a los pasajeros de vuelos comerciales en aeropuertos de llegada y de origen, especialmente cuando involucraban un arribo eventual a Estados Unidos. En este sentido, un efecto secundario negativo del 11 de septiembre ha sido el recrudecimiento de una política antimigrante en EUA, que tuvo repercusiones notables en la frontera norte de México y continúa mostrando sus efectos a más largo plazo al aplazarse la discusión sobre la tan necesaria reforma migratoria en el vecino país del norte.

De esta forma, se insiste en que la migración representa una amenaza para Estados Unidos y para México, con la idea de que los terroristas potenciales pueden intentar colarse al país junto con los migrantes indocumentados (Cornelius, 2007: 275). Sin embargo, la evaluación de los riesgos que pueden representar los migrantes indocumentados a la seguridad nacional debe realizarse en forma serena y realista, sin descuidos ni paranoias.

Ante todo, resulta necesario cuestionarse si tanto en Estados Unidos como en México la idea de que la migración constituye una amenaza a la seguridad nacional puede representar un caso de xenofobia enmascarada. Es decir, las aristas en los vínculos entre migración y seguridad nacional pueden fomentar la exacerbación de posiciones discriminatorias, racistas o xenófobas, aquí y allá. Por ejemplo, nos preguntamos si los controles migratorios extremos son la herramienta adecuada para combatir posibles internaciones con ánimos terroristas (Artola, 2006: 110).

Las actividades de los grupos del narcotráfico también constituyen un riesgo especial para la seguridad fronteriza, pues con sus actividades y la lucha por el control de territorios o espacios de operación, pueden generar un ambiente de violencia generalizada que podría convertirse en motivo de intervención extranjera, diplomática al menos, pero también de otro tipo, en la frontera norte del país.

9. Retos de migración descontrolada del siglo XXI –migraciones forzadas

El final del siglo XX se ha descrito como la *era de la migración* (Kymlicka, 1996), porque cantidades ingentes de personas atraviesan las fronteras, haciendo que prácticamente todos los países sean más o menos poliétnicos. También se ha descrito como la era del nacionalismo, ya que en todo el mundo es cada vez mayor el número de grupos que se movilizan y afirman su identidad. A consecuencia de todo ello, en muchos países las normas establecidas de la vida política se ven cuestionadas por una nueva política de la diferencia cultural. De hecho, con el final de la guerra fría, las reivindicaciones de los grupos étnicos y nacionales han pasado al primer plano de la vida política, tanto en el ámbito interno como en el ámbito internacional. Para muchas personas esta nueva política de la diferencia representa una amenaza a la democracia liberal.

Sartori (2000), afirma que la llegada incontrolada de inmigrantes que no quieren integrarse en su sociedad de acogida supone un riesgo para el pluralismo y la democracia. Concluye que el mayor reto para las sociedades desarrolladas en las próximas décadas es la inmigración o la incursión descontrolada de personas de culturas diferentes o antagónicas que buscan un porvenir en un medio social que les es ajeno, siempre difícil y que muchas veces consideran hostil… Sartori cree que debemos aceptar la integración de los inmigrantes 'siempre que ésta implique una reciprocidad y que no derive en subculturas aisladas. Porque si no se comparten los valores culturales, surgen los conflictos'.

10. Economía y violencia comunitaria fomentan migración

En 2015, el número de solicitudes de asilo de países del Triángulo Norte (El Salvador, Honduras y Guatemala) presentadas en los Estados Unidos de América aumentó más de un 250% con respecto a 2013 y fue el doble que en 2014. También aumentó de manera sustancial el número de menores migrantes no acompañados procedentes de América Central y se incrementaron un 1,200% las detenciones de menores no acompañados en la frontera de los Estados Unidos de América y México entre los años fiscales 2011 y 2014. Además, el número de solicitudes de asilo presentadas en México registró un aumento notable en los últimos años y se incrementó en un 155%, pasando de más de 3,400 en 2015 a casi 8,800 en 2016.

REGIÓN DE CENTROAMERICA EXPULSORA
DE MIGRANTES HACIA MÉXICO Y EUA

CENTRAL AMERICA · CENTROAMÉRICA

TRÁFICO Y TRATA DE PERSONAS

1. El Tráfico y la Trata de Personas

De acuerdo a la Organización de las Naciones Unidas (ONU), "la necesidad de los pobladores de buscar un mejor nivel de vida, hace caer en el "tráfico de personas", por tanto se provoca la llamada "trata de personas"[1]. Sin embargo, se mantiene como un principio del orden del derecho internacional, que cualquier individuo de alguna parte del mundo puede buscar un mejor futuro, por lo tanto, es su derecho *"la libre circulación de un país a otro".* (ONU, 2014).

2. Las medidas de lucha contra la Trata y el derecho a la Libertad de Circulación.

De manera general, por derecho a la libertad de circulación se entiende un conjunto de derechos de la persona que incluye: el derecho a desplazarse libremente y a escoger su lugar de

---

1   *https://www.ohchr.org/Documents/Publications/FS36_sp.pdf*

residencia dentro de un Estado, el derecho a cruzar fronteras para entrar en el país o salir de él, y la prohibición de expulsar a los no ciudadanos de manera arbitraria.

Muchos de los principales tratados internacionales de derechos humanos, entre ellos el Pacto Internacional de Derechos Civiles y Políticos (art. 12), reconocen y protegen explícitamente el derecho a la libertad de circulación, algo que también hacen la Declaración Universal de Derechos Humanos (art.13) y todos los principales tratados regionales de derechos humanos.

La libertad de circulación es un derecho particularmente expuesto a sufrir las consecuencias negativas de las medidas adoptadas por los Estados para hacer frente a la Trata. Puede suceder, por ejemplo, que un Estado adopte medidas legislativas, administrativas o de otra índole para impedir que las personas emigren en busca de trabajo. O que someta (o no impida que entidades no gubernamentales sometan) a las víctimas de la trata, nacionales o extranjeras, a medidas de internamiento con fines "de protección". O que impida a una víctima regresar a su lugar de origen hasta que cumpla ciertos requisitos, como el de testificar contra los tratantes (ONU, 2014, pág. 61).

3. ¿Qué es la Trata de Personas?

La comunidad internacional no se puso de acuerdo sobre qué constituye la "Trata de Personas" hasta muy recientemente. De hecho, hasta finales de los años 90 los Estados no emprendieron la tarea de separar la trata de las demás prácticas con las que se la asociaba habitualmente, como la facilitación de la migración irregular. La primera definición consensuada de la trata se incorporó en al año 2000 al Protocolo para Prevenir, Reprimir y Sancionar la Trata de Personas, Especialmente Mujeres y Niños, que complementa la Convención de las Naciones Unidas contra la Delincuencia Organizada Transnacional (en adelante "el Protocolo sobre la Trata").

Desde entonces, esa definición se ha incluido en muchos otros instrumentos jurídicos y de política y en leyes nacionales. A. La definición internacional de la trata En el Protocolo sobre la Trata, la definición de "trata de personas" reza así: a) Por "trata de personas" se entenderá la captación, el transporte, el traslado, la acogida o la recepción de personas, recurriendo a la amenaza o al uso de la fuerza u otras formas de coacción, al rapto, al fraude, al engaño, al abuso de poder o de una situación de vulnerabilidad o a la concesión o recepción de pagos o beneficios para obtener el consentimiento de una persona que tenga autoridad sobre otra, con fines de explotación. Esa explotación incluirá, como mínimo, la explotación de la prostitución ajena u otras formas de explotación sexual, los trabajos o servicios forzados, la esclavitud o las prácticas análogas a la esclavitud, la servidumbre o la extracción de órganos; b) El consentimiento dado por la víctima de la trata de personas a toda forma de explotación intencional descrita en el apartado a) del presente artículo no se tendrá en cuenta cuando se haya recurrido a cualquiera de los medios enunciados en dicho apartado;... (art. 3). Por consiguiente, los tres elementos que deben darse para que exista una situación de trata de personas (adultas) son: i) acción (captación, ...); ii) medios (amenaza, ...); y iii) fines (explotación).

El derecho internacional establece una definición distinta para la Trata de Niños (personas menores de 18 años), según la cual no es necesaria la existencia de un "medio". Tan solo es necesario demostrar: i) la existencia de una "acción", como serían la captación, la venta o la compra; y ii) que dicha acción tenía por finalidad específica la explotación. Dicho de otro modo, existirá trata cuando el niño haya sido sometido a algún acto, como la captación o el transporte, con el fin de someterlo a explotación.

B. Rasgos importantes de la definición A continuación se enumeran los rasgos más destacados de esta nueva manera en que la comunidad internacional entiende la trata: La trata afecta a las mujeres, los hombres y los niños, y entraña toda una serie de prácticas de explotación. Tradicionalmente, la trata se asociaba al traslado de mujeres y niñas para su explotación sexual. La citada definición del derecho internacional deja claro que las víctimas de la trata pueden ser hombres, mujeres, niños y niñas, y que el abanico de prácticas asociadas a ella que pueden constituir explotación es muy amplia.

La lista de ejemplos que figura en la definición no es exhaustiva y es posible que en el futuro se identifiquen nuevos fines constitutivos de explotación La trata no requiere necesariamente que se atraviese una frontera internacional. La definición abarca tanto la trata interna como la *Transfronteriza*. Es decir, jurídicamente es posible que la trata tenga lugar dentro de un mismo país, aunque sea el país de la víctima.

4. Tráfico ilícito de Migrantes

La trata no es lo mismo que el tráfico ilícito de migrantes. El tráfico ilícito de migrantes consiste en el traslado ilegal y facilitado a través de una frontera internacional con fines económicos. Aunque pueda haber engaño o un trato abusivo, la finalidad del tráfico ilícito de migrantes es obtener un beneficio económico del traslado, no de una futura explotación, como sucede en el caso de la trata.

La trata no siempre requiere un traslado. En la definición de trata se alude al traslado como una de las circunstancias que satisfacen el requisito de "acción". La utilización de términos como "recepción" y "acogida" significa que por trata no solo se entiende el proceso por el que se traslada a alguien hacia una situación de explotación, sino que también abarca el mantenimiento de esa persona en una situación de explotación.

No existe la trata "consentida". El derecho internacional de los derechos humanos siempre ha entendido que la inalienabilidad intrínseca de la libertad personal hace que el consentimiento no sea una consideración pertinente en las situaciones en que se priva a alguien de esa libertad personal. Este punto de vista queda plasmado en la parte de la definición de trata que alude a los "medios". En palabras de quienes redactaron el Protocolo sobre la Trata: "una vez acreditada la utilización del engaño, la coacción, la fuerza u otros medios prohibidos, el consentimiento no se tendrá en cuenta y no podrá utilizarse como defensa".

5. Grupos de Interés en la Trata

En el contexto de la trata, los grupos de interés son, entre otros, *las mujeres, los niños, los migrantes y los trabajadores migrantes, los refugiados y los solicitantes de asilo, los desplazados internos y las personas con discapacidad.*

En ocasiones, los miembros de un grupo se convertirán en objetivo predilecto de los tratantes. Los niños, por ejemplo, pueden ser objeto de trata por fines relacionados por su edad, como la explotación sexual, diversas formas de trabajo forzoso o la mendicidad. Las personas con discapacidad pueden ser víctimas de ciertas formas de trabajo en condiciones de explotación y caer en la mendicidad.

La trata coloca a mujeres y niñas en situaciones de explotación específicas a su género, como la prostitución en condiciones de explotación y el turismo sexual, y de trabajo forzoso en los sectores del trabajo doméstico y los servicios. La trata también acarrea para ellas daños y consecuencias asociadas a su género, como la violación, el matrimonio forzoso, el embarazo no deseado o forzado, el aborto forzoso y las enfermedades de transmisión sexual, entre ellas el VIH/SIDA.

6. Repatriación de víctimas menores de Trata

Las obligaciones de los Estados en esta esfera dependerán en gran medida de cada situación. Por ejemplo, tal vez un Estado tenga que ofrecer alternativas a la repatriación si el retorno supone un riesgo inaceptable para la víctima o su familia.

En cuanto a los niños víctimas de la trata, la integración local o en terceros países puede constituir una solución duradera si el retorno al país de origen no redunda en el interés superior del niño. El Comité de los Derechos del Niño, en su observación general N° 6 (2005) sobre el trato de los menores no acompañados y separados de su familia fuera de su país de origen, afirma que el retorno al país de origen no entra en consideración si ello supone "un 'riesgo razonable' de traducirse en la violación de los derechos humanos fundamentales del menor".

7. La pobreza y la vulnerabilidad a la Trata

Se reconoce de forma generalizada que la mejora de las condiciones económicas y sociales en los países de origen y las medidas para hacer frente a la pobreza extrema sería la forma más eficaz de prevenir la trata de personas.

Entre las iniciativas sociales y económicas emprendidas en ese sentido, las destinadas a mejorar la capacitación y a aumentar las oportunidades de empleo de aquellas personas que podría ser objetivo predilecto de los tratantes ayudarían sin duda a prevenir la trata de seres humanos. Fuente: Informe explicativo del Consejo de Europa.

PARTE SEGUNDA
RELATOS EN MEDIOS POR: JORGE A. LERA MEJÍA

Noviembre 2018 a Agosto 2017

RELATO NO. 1. ÉXODO CENTROAMERICANO POR CORRUPCIÓN, DESIGUALDAD Y VIOLENCIA 2 (4 Noviembre 2018)

http://norestedigital.net/2018/11/04/opinion-economicaagenda-complicada-de-amlo-por-hollos-fiscales-dr-jorge-a-lera-mejia/

De acuerdo a la publicación de la cadena BBC News Mundo, el pasado 25 de octubre, denominada Caravana de migrantes: ¿qué rol ha tenido Estados Unidos en la violencia, la pobreza y la falta de oportunidades que padecen Honduras, Guatemala y El Salvador?, la migración es una manifestación de una relación profundamente desigual entre los países que envían migrantes y los países de destino. La forma en la que sea han dado las relaciones de EUA con Centroamérica ha hecho que muchos lo consideren como el país preferido para emigrar, el Sueño Americano "American Dream".

Porque es el lugar que más conocen, más cercano y donde ya cuentan con amistades y familiares residiendo y trabajando, desde los tiempos de la segunda guerra, cuando los americanos abrieron sus fronteras para alimentar su ejército de obreros y campesinos de reserva, en lo que sus jóvenes luchaban una guerra al otro lado del mundo. En su imaginario se encuentran mejores opciones de vida.

Pero, además, Estados Unidos ha tenido una historia de dominio y control económico y político sobre los tres países del triángulo oscuro que conforman Honduras, Guatemala y El Salvador, por lo que seguramente, esa es una de las primeras causas de la actual caravana de migrantes centroamericanos, junto la violencia e inseguridad resultante de la pobreza de dichos países.

---

2   https://www.bbc.com/mundo/noticias-america-latina-45973286 *Caravana de migrantes: ¿qué rol ha tenido Estados Unidos www.bbc.com*

EL TRIÁNGULO NORTE DE CENTROAMÉRICA
(GUATEMALA, HONDURAS, EL SALVADOR) TRIÁNGULO
DE LA IGNOMINIA, POBREZA Y VIOLENCIA

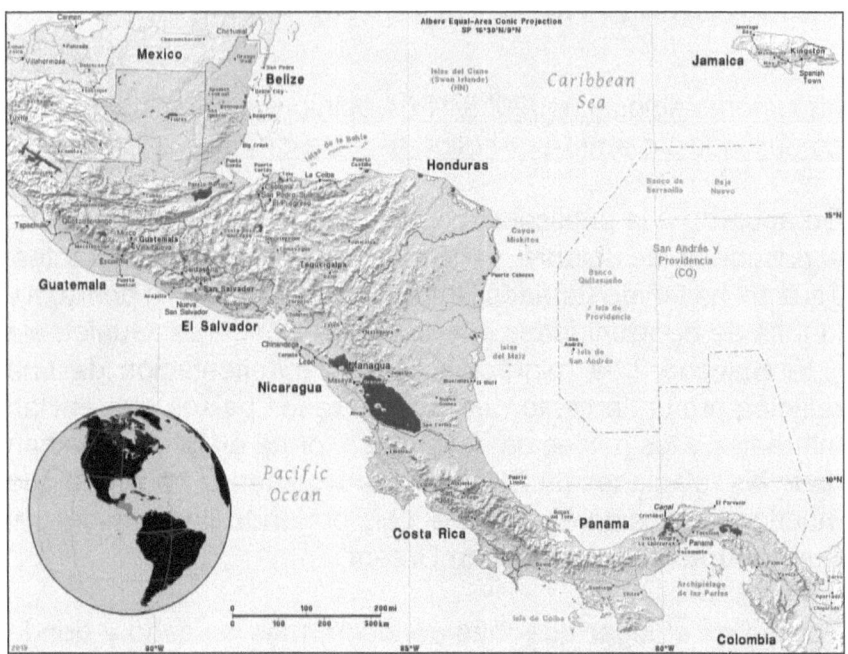

CENTRAL AMERICA • CENTROAMÉRICA

Durante la época de las guerras en Centroamérica, los sucesivos gobiernos de Washington tuvieron una influencia "muy fuerte" en países de la región.

En El Salvador en los años de la guerra, Estados Unidos gastó más de 6 mil millones de dólares en ayudar al gobierno y al ejército para derrocar las fuerzas insurgentes del Frente Farabundo Martí para la Liberación Nacional. Durante ese conflicto, según la Comisión de la verdad de las Naciones Unidas, murieron unas 75 mil personas y se reportaron homicidios, desapariciones, violaciones, torturas, secuestros y atentados a los derechos humanos, principalmente a manos del ejército.

Un factor decisivo en el legado del conflicto de aquellos años de Guerra Fría fue que Centroamérica era vista como parte del escenario de una lucha que Washington entendía que se librara contra el comunismo internacional. "Por eso los conflictos internos no se vieron en su dimensión particular y nacional, sino como parte de un juego internacional entre Estados Unidos y la Unión Soviética, y estos países y sus problemas quedaron en medio de todo eso.

Detrás de esa situación se halla una de la raíces de los diferentes desplazamientos que han tenido lugar en los últimos 40 años. "Debemos recordar que los primeros grandes flujos migratorios tuvieron lugar cuando cientos de personas de Centroamérica intentaban huir de las masacres y persecuciones que fueron factor común en la región entre las décadas de 1970 y 1980 y que fueron financiadas de forma indirecta por EUA.

Otro ejemplo intervencionista del gobierno de EUA en la región, se dio cuando el golpe de Estado contra Jacobo Arbenz en Guatemala -financiado por Estados Unidos- o las diferentes intervenciones militares que se extendieron incluso hasta Panamá. "Fue una situación que ayudó a fomentar las condiciones de inseguridad e inestabilidad que sigue hasta nuestros días y de la que todavía intentan escapar estas personas" (Wilson Center, 2018).

Posterior a las guerras intervencionistas y golpes de estado centroamericanos, la constante falta de oportunidades, la falta de fuerzas policiales capaces de controlar el crimen y proveer la seguridad se presentan como un problema de largo alcance, de desarrollo institucional, en el que Estados Unidos juega un papel principal.

Otro factor a tener en cuenta fue la forma en que ciertas "políticas erróneas" de Estados Unidos contribuyeron a fomentar la violencia en la región y a crear uno de sus flagelos más temidos: las pandillas. El ejemplo más conocido es "La Mara Salvatrucha, el grupos criminal del que muchos inmigrantes están huyendo, tuvo su origen en cárceles de Los Ángeles en la década de 1980. Estos pandilleros fueron deportados luego a esos países y esto contribuyó a generar esta situación de inseguridad que actualmente se vive allí con estas bandas criminales".

Durante la década de 1990 Estados Unidos continúo su apoyo a estos países mediante programas de asistencia financiera y de capital político, lo que le garantizó mantener una influencia decisiva en la región.

Todo comenzó a cambiar a partir de 2014, cuando ocurrió la primera crisis migratoria de niños no acompañados. Durante el verano de ese año, una inusitada caravana de miles de menores de edad centroamericanos que viajaban solos comenzó a marchar para pedir asilo en la frontera sur de Estados Unidos.

Por esa nueva forma de huir masivamente, se empieza a reflexionar sobre las condiciones de vida en Centroamérica, entendiendo que habría que fortalecer la frontera y las medidas migratorias, pero también ayudar a resolver los problemas.

Una comisión bipartidista del Congreso de Estados Unidos decidió entonces que se enviaría una ayuda de 750 millones de dólares para apoyar a estos países. "Estados Unidos ha mostrado un compromiso para hacer frente a las raíces de los flujos migratorios a través de los diferentes programas de ayuda que mantiene en esos países. Es cierto que no han sido suficientes, dadas las magnitudes de los problemas, pero ha habido una intención y un esfuerzo por tratar de hacerlo".

Sin embargo, de acuerdo con organizaciones civiles, parte de esta ayuda no ha llegado y no se han creado programas suficientes para trabajar para solucionar los problemas más acuciantes de esos países. "Las políticas de los gobiernos de Estados Unidos han sido punitivas en lugar de intentar resolver realmente los problemas que hacen que los centroamericanos y sudamericanos huyan de sus países para venir a Estados Unidos en busca de asilo", asegura a BBC Mundo Nicholas Valentino, profesor del Centro de Estudios Políticos de la Universidad de Míchigan.

En su criterio, la creación de programas para brindarles a estas personas un mejor futuro en sus países son más económicos que los miles de dólares per cápita que se necesitan para detenerlos, procesarlos y, finalmente, deportarlos, pero no es algo que se tome en cuenta en Estados Unidos.

En los tiempos actuales, Estados Unidos ha dado la espalda a proyectos que estaban ayudando a fomentar la institucionalidad en América Latina, como pasa con su silencio ante las presiones del gobierno de Guatemala contra la Comisión Internacional Contra la Impunidad (CICIG).

Sin embargo, adicional a la influencia negativa de las políticas intervencionistas de EUA, es importante reconocer que la causa principal se encuentra en los gobiernos corruptos de la región, sumando la falta de seriedad, desarrollo y responsabilidad de los propios pobladores centroamericanos, actuando en sentido contrario a consolidar las oportunidades, empleo, así como abatir la violencia e inseguridad en sus propias comunidades. Significa que la causa principal se centra en la propia región.

Al final del camino, a partir del año 2017, y en lo que termina este 2018, las expresiones de violencia e inseguridad, así como la falta de oportunidades en las ciudades más importantes de Honduras, El Salvador y Guatemala, han hecho explosión y proliferación de un nuevo fenómeno migratorio, que más que simples caravanas de migrantes, se convirtieron en verdaderos Éxodos Humanos al estilo de los tiempos bíblicos.

Ese fenómeno, se muestra agravado y reproducido por la influencia de las bandas de "polleros", ahora representadas por grupos del criminen organizado transnacional. Siendo facilitado por la gran disponibilidad de la mayoría de centroamericanos de teléfonos inteligentes (Smart Phone) que utilizan ampliamente las redes sociales que sirven de puente de comunicación y difusión masiva de la existencia de las caravanas de migrantes.

Así las caravanas que iniciaron el 19 de octubre con el rompimiento del cerco policiaco en forma violenta en el Río Suchiate de México, donde inició una primer caravana de cerca de 4 mil hondureños, esta se ha reproducido con otras tres nuevas caravanas, sumando hasta este día domingo 4 de noviembre cuatro caravanas.

Los números oficiales no es posible confirmar. Pero se habla de ya mil migrantes, principalmente de origen hondureño, pero ya agregados más de 2 mil salvadoreños y mil guatemaltecos. Esto no termina aquí. Esto apenas está empezando…

https://www.bbc.com/mundo/noticias-america-latina-45973286

Caravana de migrantes: ¿qué rol ha tenido Estados Unidos … www.bbc.com

Miles de migrantes marchan en una caravana hacia el norte en busca de mejores condiciones de vida. Pero ¿qué papel tuvo Estados Unidos en la situación de la que escapan muchas de esas personas?

RUTAS DE LA CARAVANA MIGRANTE:

**Origen: Honduras-El
Salvador-Guatemala-Chiapas-Oaxaca-Veracruz-Puebla-CdMx**

Opción 1: CdMx-Querétaro-SLP-Tamaulipas-Texas EUA.

**Opción 2: CdMx-Querétaro-SLP-Nuevo
León-Tamaulipas-Texas EUA.**

**Opción 3: CdMx-Querétaro-Guanajuato-Jalisco-Nayarit-
Sinaloa-Sonora-Baja California-California EUA.**

RELATO NO. 2. PUEBLOS SIN FRONTERAS
ATRÁS DEL ÉXODO (2 Noviembre 2018)

http://www.ultimasnoticiasenred.com.mx/opinion/ pueblos-sin-fronteras-atras-del-exodo/

¿Quién es Rodrigo Abeja? Es junto a Irineo Mujica uno de los principales organizadores de Pueblo Sin Fronteras, que durante más de 15 años han guiado a los inmigrantes hasta Estados Unidos a través de caravanas para ayudarlos a buscar asilo en otros países.

¿Quién es Irineo Mujica? dirigente activista centroamericano, de 47 años de edad, que dirige la ONG Pueblo Sin Fronteras, viaja desde Honduras hasta México para encabezar o participar los movimientos pro de los derechos de migrantes que van en tránsito por el país – Transmigrantes –

ANTECEDENTES: Los voluntarios del grupo Pueblo Sin Fronteras, ayudan a los inmigrantes a permanecer juntos para protegerse del peligro en el camino, incluidos los delincuentes y los elementos naturales, pero también para eludir a los funcionarios encargados de hacer cumplir la ley.

La organización había sido relativamente desconocida para la mayoría de los estadounidenses hasta que el presidente Trump comenzó a tuitear sobre las personas que Mujica, Abeja y otros voluntarios comenzaron a acompañar a la frontera durante la Semana Santa de 2018, la última semana de la Cuaresma conmemorada por los cristianos.

Los tweets del presidente se produjeron después de que Buzzfeed publicara una historia titulada "Una caravana enorme de centroamericanos se dirige a Estados Unidos, y nadie en México se atreve a detenerlos".

Las caravanas o Éxodos, se conocen en español como el Vía Crucis de los Migrantes. Se diseñaron después de las procesiones de las Estaciones de la Cruz celebradas por los católicos latinoamericanos para marcar y "reconstruir" los días finales de Jesús desde el enjuiciamiento hasta su entierro.

LA CARAVANA DEL 22 DE OCTUBRE: Después de años de caravanas de perfil bajo, Pueblos Sin Fronteras organizaron una Mega Marcha, principalmente de Hondureños que huyen de la violencia del pueblo San Pedro Sula, considerado el más inseguro de América Latina, se calcula que llegó a formar hasta 7 mil migrantes por lo que más que caravana, es una gran huida masiva, un auténtico Éxodo que amenaza en seguir abriendo más y más caravanas.

En marzo pasado, dirigieron una caravana con más de mil 500 personas, la cual fue detenida en Oaxaca para concederlos permisos de tránsito por México.

Desde esa primera caravana que dirigieron Irineo y Abeja en el mes de marzo, provocaron la reacción del presidente Donald Trump, quien pidió a los gobiernos centroamericanos detener la marcha de estos inmigrantes.

Ahora, con esta nueva marcha que ya suma cerca de 7 mil migrantes, entre Hondureños (grupo principal), Salvadoreños (grupo que ya sumó una segunda caravana de mil 500 más) y Guatemaltecos.

Estos colectivos transitan por las carreteras y calles del sur de Chiapas, la alerta internacional se ha elevado mucho más, debido a las condiciones de calor y precariedad en que viajan los integrantes de este éxodo.

ROMPIMIENTO CON EL PADRE SOLALINDE:

El miércoles 31 de octubre, después de estar siendo respaldados por la agrupación que dirige el Padre Solalinde, rompieron acuerdos tanto como el Padre Alejandro Solalinde, como el propio equipo del nuevo Gobierno de AMLO, al no coincidir de dirigirse rumbo a la CdMx.

En este rompimiento, Irineo Mujica (líder Pueblo Sin Fronteras) exigía 72 autobuses y camiones para apoyar el traslado masivo hacia la capital del país, al ser rechazado el apoyo por los transportistas, decidieron partir de Matías Romero Oaxaca hacia Veracruz y Tamaulipas, por carretera costera #185.

Esto significa que a fines de noviembre o mediados de diciembre llegarán más de 4 mil 500 migrantes a Matamoros y Reynosa.

Fuente: Fórmula Noticias.

COLOFÓN: Ya van tres caravanas identificadas, la primera de más de 5 mil migrantes, la segunda del miércoles pasado con mil 500, y una tercera compuesta de Salvadoreños de otros mil 500 cruzando este jueves o viernes… Más las que se sigan juntando… Esto ya significa un conflicto de características mundial y global. Se requiere atenderse por la ONU, OEA y las Organizaciones Mundiales de Derechos Humanos.

RELATO NO. 3. TAMAULIPAS LÍDER EN TRANSMIGRANTES Y DEPORTADOS (27 Octubre 2018)

http://www.meridianodehoy.mx/wp/2018/10/27/tamaulipas-lider-en-transmigrantes-y-deportados/

Con la emergencia migratoria presentada en México desde el pasado viernes, con el cruce forzado de más de 7 mil migrantes hondureños, mismos que en Caravana de 2500 hombres, 2500 mujeres, 1000 niños y 1000 niñas, hasta este viernes 26 de octubre ya se acercan al cruce entre Chiapas y Oaxaca desde la población de Arriaga.

El tema de los Transmigrantes centroamericanos, sus derechos humanos, petición de Asilo Político y salvoconducto requerido para cruzar libremente por territorio mexicano para aspirar llegar a los EUA, bajo el desgastado pretexto del mal llamado "Sueño Americano", es motivo diario de debates antimigrantes (migranfóbicos) versus promigrantes (migranfílicos).

Me permitiré aquí hacer un breve repaso de este tema, con la idea de aportar algunas explicaciones que justifiquen su importancia y complejidad. Fuentes: cifras oficiales y reportes de expertos en diversos medios.

POLÍTICA MIGRATORIA DE MÉXICO:

La política migratoria de estos seis años del Gobierno de Enrique Peña Nieto, hasta ahora no ha supuesto una mejora sustancial de la grave situación de violaciones a los derechos humanos y de agresiones que padecen las personas transmigrantes en su tránsito por México, registrada durante este tiempo (2012-2018) y los dos regímenes panistas anteriores (2000-2006 y 2007-2012).

El gobierno federal enfoca cada vez más su política migratoria dentro de una perspectiva de seguridad nacional que lo está llevando a militarizarla. La policía federal sigue siendo la principal dependencia gubernamental que extorsiona a las personas migrantes, le siguen los agentes del INM.

Se ha observado un aumento del número de migrantes en situación de calle y en la tensión entre comunidades y migrantes.

El crimen organizado hostiga a los Transmigrantes, frente a la omisión del estado. No se aprecia una política federal de apoyo y defensa para los defensores de los migrantes.

REUNIÓN DEL INSTITUTO NACIONAL DE MIGRACIÓN - DELEGACIÓN TAMAULIPAS CON FUNCIONARIOS DEL INSTITUTO TAMAULIPECO PARA EL MIGRANTE Y DEL MUNICIPIO DE NUEVO LAREDO TAMAULIPAS

Fuente: Fotografías proporcionadas por el ITM con autorización expresa (22/Octubre/2018).

POLÍTICA MIGRATORIA DE EUA:

Las recientes reformas migratorias en Estados Unidos, buscan esencialmente: seguridad en la frontera con México, ventajas económicas al incorporar a millones de personas al sistema fiscal y modernizar el sistema migratorio.

La tendencia de los primeros dos años del Gobierno Republicano de Donald Trump, se registra cambios confeccionados en la lógica de la "zanahoria y el garrote"; se criminalizo la imagen del migrantes mexicano y centroamericano, se polarizó el discurso xenófobo contra los migrantes, se ofreció la construcción del Muro fronterizo, reiterando hasta el cansancio que el Gobierno mexicano lo pagará.

Los republicanos han presionado para que la nueva política migratoria estadounidense esté acompañada por la militarización de la frontera con México. Finalmente se amenazó con terminar con las ciudades Santuario, suspender el programa DACA de apoyo a dreamers estudiantes, se multiplicaron las deportaciones utilizando a policías y tránsitos a la par de agentes de la ICE, y se separaron familias (padres e hijos).

TRANSMIGRANTES DE CENTROAMÉRICA:

Por país de origen, de los tres principales países de Centroamérica con mayor flujo de Transmigrantes de paso o destino por México, se comportan así: Honduras es el país con mayor número de emigrantes y el mayor porcentaje de transmigrantes por México (50.3%). El Salvador ocupa el segundo lugar, con un porcentaje de 28.3 y Guatemala el 21.4%.

Marzo es el mes que presenta un mayor número de registros de Transmigrantes.

El porcentaje de mujeres, fluctúa entre el 9 y 15 por ciento. Este último año (2018) registra mayor tendencia de aumento de mujeres y niños, acompañados y solos.

Del total de migrantes, nueve de cada cien migrantes son menores de edad. Este grupo poblacional de menores de edad plantea un reto para el Gobierno mexicano en cuanto a las responsabilidades y obligaciones que tiene para protegerles.

Del resto, el 48% de los migrantes registrados tienen entre 19 y 29 años de edad. El 57% de las personas migrantes manifiestan ser solteros

En cuanto al nivel máximo de estudios, el 30% reportó poca o ninguna instrucción, el 18% básica incompleta y el 23% básica completa. Dicho de otra manera, la inmensa mayoría son personas en capacidad de trabajar, con poca capacitación académica.

En cuanto a sector económico de ocupación, actividades primarias 30%, actividades secundarias 27%, actividades terciarias 36% y población no activa 7%.

DEPORTACIONES DE CENTROAMERICANOS DESDE MÉXICO:

México registra un total de 436,125 Transmigrantes que fueron deportados entre enero del 2015 y septiembre de 2018, todos provenientes del llamado Triángulo Norte de Centroamérica.

Según datos de la SEGOB, en el caso de menores deportados, 10,042 tenían edades comprendidas entre los 12 a 17 años, de los cuales 6,120 estaban solos; mientras que 8,950 tenían entre cero y 11 años de edad, de los cuales 589 estaban solos cuando fueron detenidos.

Chiapas es el estado de México con mayor detención de menores. Durante el período presentado se registraron 7,507 niños deportados.

DEPORTADOS MEXICANOS DESDE EUA:

El gobierno del presidente Donald Trump ha impulsado una política de "tolerancia cero", para acusar penalmente a las personas que atraviesen la frontera de manera ilegal. Esta medida causó la separación miles de familias que cruzaron la frontera ilegalmente pidiendo protección en Estados Unidos.

Trump dijo en junio de este año que "Estados Unidos no será un campamento de inmigrantes y no será un centro de detención de refugiados", en momentos en que estalló una cifra por la separación de familias en la frontera.

Más de 109,000 mexicanos fueron deportados desde Estados Unidos en los primeros seis meses de 2018, según cifras de la Unidad de Política Migratoria de la Secretaría de Gobernación de México.

La cifra representa un aumento dramático de los retornos de mexicanos a su país de origen respecto al mismo periodo de 2017. Esto representa 32,397 deportaciones más respecto a 2017, cuando en ese mismo periodo se registraron 76,899 eventos de este tipo.

CASO DE TAMAULIPAS:

Tamaulipas es el segundo mayor estado de la República, receptor de migrantes Deportados desde la Unión Americana, con más de 40 mil, desde enero a septiembre 2018, de los cuales solo 4 mil 734 son de origen tamaulipeco. En el caso de Repatriados por la frontera de Tamaulipas en los años 2017 y lo que va de 2018, son 148 mil en esta administración de Francisco García Cabeza de Vaca.

De acuerdo a lo publicado por Arturo Rosas, el 23 de octubre en el Diario El Expreso [...] Hasta el mes de agosto, por las fronteras de Tamaulipas, el gobierno de Estados Unidos ha repatriado a 46 mil 237 mexicanos y, de estos, 43 mil 583 son mayores de 18 años y más, el resto son menores entre 1, 11 y 17 años de edad, en promedio.

De acuerdo a la información oficial de la Secretaría de Gobernación, el número de repatriados por Tamaulipas está dividido entre 40 mil 330 hombres y 3 mil 253 mujeres y, del total de repatriados en este 2018, es de 2 mil 654 menores de 18 años de edad, de los cuales 2 mil 423 son niños y 231 son niñas.

Cabe señalar que en septiembre, el Instituto Tamaulipeco para los Migrantes, reveló que desde el 2016 se había brindado asistencia a 148 mil 381 repatriados desde los Estados Unidos.

GRÁFICAS DE LAS OFICINAS DEL INSTITUTO TAMAULIPECO PARA EL MIGRANTE. AUTOBÚS PREPARADO PARA REPATRIAR MIGRANTES Y REUNIÓN EXPLICATIVA DE RETORNO SEGURO A DEPORTADOS.

Fuente: Fotografías proporcionadas por el ITM con autorización expresa (22/Octubre/2018).

Tamaulipas es el segundo estado de la República Mexicana receptor de migrantes, con más deportados de la Unión Americana.

En 2016, Tamaulipas, a través de las delegaciones del ITM en Nuevo Laredo, Reynosa y Matamoros, recibió y atendió a 53 mil 357 repatriados; en 2017 a 48 mil 423. En lo que va 2018, es un total de 46 mil 237.

Si bien la repatriación en el 2018 también incluyen a 4 mil 734 ciudadanos de origen tamaulipeco, de los cuales 4 mil 311 son hombres y 423 mujeres, la mayor carga la reciente los municipios fronterizos, con quienes son de otros estados.

GRÁFICAS DE LAS OFICINAS DEL INSTITUTO TAMAULIPECO PARA EL MIGRANTE. AUTOBÚS PREPARADO PARA REPATRIAR MIGRANTES Y MIGRANTES DESPIDIÉNDOSE.

Fuente: Fotografías proporcionadas por el ITM con autorización expresa (22/Octubre/2018).

Aunado a ello, las deportaciones se suman al impacto que se enfrenta en municipios como Nuevo Laredo, Reynosa, Matamoros, principalmente.

Al respecto, el alcalde de Nuevo Laredo, Enrique Rivas Cuéllar, emitió una primera alerta preventiva, porque asegura que se vendrá, aunado al problema de repatriados, la llegada entre 4 mil y 5 mil migrantes.

Actualmente, recuerda, se enfrenta ya una crisis con ciudadanos cubanos, africanos y centroamericanos que llegan en pequeños grupos, pero ante la oleada de esa caravana, las condiciones van a ponerse "en focos rojos".

Nuevo Laredo cuenta con dos casas de Migrantes y allí solo se puede dar albergue a 500 personas, "tendremos que buscar la forma de ayudar al resto".

"No hay municipio que esté listo para recibir, 3 mil o 4 mil o hasta 5 mil migrantes, he tenido reuniones con el Gobernador y distintos secretarios, donde ellos a su vez, están viendo el tema a nivel federal".

Tan solo en Nuevo Laredo, aseguró que las cifras de migrantes diarios rondan entre 110 y 115, sin embargo, no se descarta que podrían registrarse hasta 4 mil o 5 mil.

"Tema de apoyos, albergues, seguridad, es lo que tenemos como trabajo, acercamientos con el Estado, sino con la Federación, para poder llevar a cabo un trabajo de manera conjunta con los tres órdenes de gobierno". Fin de cita. El Expreso.

DEPORTACIONES POR OTROS ESTADOS:

La frontera tamaulipeca se convirtió desde el año 2017 en la zona preferida del Gobierno de Estados Unidos para las deportaciones de mexicanos

De las 63 mil 352 personas regresadas a México por carecer de residencia y ciudadanía norteamericana, 18 mil 764 cruzaron por tierras tamaulipecas.

El puente internacional Nuevo Laredo II Juárez –Lincoln, ocupa el primer lugar. La frontera reynosense ocupa el segundo lugar en la entrada de deportados, superando a Matamoros que es tercer lugar.

El Estado de Baja California ocupa el segundo lugar en recepción de personas expulsadas por Migración de Estados Unidos. En tercer lugar se ubica el Estado de Sonora.

Aunque no cuenta con puerto fronterizo, la Ciudad de México tiene el cuarto lugar en recepción de migrantes repatriados, ya que lo hace a través de su aeropuerto internacional. Hasta la quinta posición se encuentra Coahuila. Aunque el Estado de Chihuahua cuenta con una ciudad de gran movimiento migratorio, no es preferente para las autoridades norteamericanas al momento de expulsar a migrantes. Es por eso que se ubica en el sexto lugar.

RELATO NO. 4. TRANSMIGRANTES AFRICANOS: EL NUEVO FENÓMENO POR TAMAULIPAS (9 Octubre 2018)

http://www.ultimasnoticiasenred.com.mx/opinion/transmigrantes-africanos-el-nuevo-fenomeno-por-tamaulipas/

Leyendo diversas publicaciones aparecidas en los últimos días en los Diarios El Financiero, El Universal, El Mañana de Nuevo Laredo, y en entrevista concedida este fin de semana por el Lic. José Carmona Flores, del Instituto Tamaulipeco para el Migrante -ITM-, nos encontramos con un nuevo e impactante fenómeno migratorio, que pone a prueba la capacidad del Estado para sortear estos retos gubernamentales.

GRÁFICA DEL DIRECTOR DEL INSTITUTO TAMAULIPECO PARA EL MIGRANTE CON FAMILAS AFRICANAS EN ESPERA DE ASILO EN TEXAS EUA.

Fuente: Fotografías proporcionadas por el ITM con autorización expresa (22/Octubre/2018).

En lo que va del año 2018, Tamaulipas ha recibido a más de 200 personas de África; principalmente parejas jóvenes que con sus hijos comenzaron a llegar en grupos de 15 o 20.

Desde julio y agosto, la frontera de Nuevo Laredo se ha convertido en el hogar provisional de familias provenientes de Bangladesh, El Congo, Kenia y Camerún, que buscan refugio a fin de solicitar asilo político y humanitario en Estados Unidos.

La constante explicación de estos nuevos grupos migrantes, es la misma razón que sabemos que sufren nuestros propios migrantes mexicanos y los centroamericanos, que al no contar con los recursos necesarios para mantener a su familia, decidieron vender sus pocas pertenencias para emprender el viaje que los llevó primero, a Brasil, a más de 9 mil kilómetros de Kibera, uno de los poblados más pobres de Kenia, donde tenían su residencia. Comentan que en Kibera no cuentan con trabajo ni casa y, por ende, no hay alimento para sus hijos, por eso decidieron salir en grupos de 15 personas y simplemente caminar.

Africanos provenientes de Camerún, Congo y Kenia, además de Bangladesh, país asiático, estos ciudadanos viajan en distintos medios de transporte, primero por barco cruzando el Atlántico, llegando a Brasil y Centroamérica. Algunos se quedaron en Costa Rica. La mayoría siguió su paso hasta Guatemala.

Desde Guatemala, en agosto pasado cruzaron de noche hacia México, pasando el puente del Río Suchiate por autobús rumbo a San Cristóbal de las Casas, Chiapas, traslado que les costó 600 pesos por persona.

En entrevista concedida este fin de semana por el Director del Instituto Tamaulipeco para el Migrante -ITM-, José Carmona Flores, expresa que durante septiembre recibieron a cerca de 200 personas provenientes de distintas partes de África.

GRÁFICA DEL DIRECTOR DEL INSTITUTO TAMAULIPECO
PARA EL MIGRANTE CON FAMILAS AFRICANAS
EN ESPERA DE ASILO EN TEXAS EUA.

Fuente: Fotografías proporcionadas por el ITM con
autorización expresa (22/Octubre/2018).

Declara que siguiendo instrucciones precisas del Gobernador
Francisco García Cabeza de Vaca, se están apoyando a dichas
familias con asesoría legal y asistencia siendo albergadas en
las casas para migrantes.

Motivado a que este nuevo fenómeno migratorio, similar al
sufrido a principios de este año, donde otros grupos migratorios
provenientes de Haití y Cuba, estuvieron varados tanto en
Tamaulipas y Baja California.

A diferencia de los migrantes centroamericanos y mexicanos,
que suman la gran mayoría de corrientes migratorias que
aspiran cruzar a los EUA en la búsqueda del 'Sueño Americano',
los migrantes de África, Haití y Cuba son atendidos por las
autoridades migratorias norteamericanas por conducto del
posible 'asilo político o humanitario'.

Por ello el Instituto Nacional de Migración -INM- les otorga a estos grupos de África permisos provisionales de 15 días para su corta estancia de espera al cruce en EUA para los posteriores trámites.

Esto no es garantía que puedan conseguir estancia prolongada tanto en EUA como en México, por lo que se vuelve a presentar una amenaza para Tamaulipas, por la presencia de migrantes de paso que podrían volverse migrantes de destino final en nuestro Estado.

**GRÁFICA DEL DIRECTOR DEL INSTITUTO TAMAULIPECO
PARA EL MIGRANTE CON FAMILAS AFRICANAS
EXPLICANDO LOS LÍMITES CON TEXAS EUA.**

Fuente: Fotografías proporcionadas por el ITM con
autorización expresa (22/Octubre/2018).

Por este hecho y amenazante fenómeno, Carmona Flores reconoció que se está siguiendo el protocolo oficial para que les brinden atención, sin descuidar el trabajo que tienen con los migrantes deportados o repatriados por la frontera.

Significa que se están atendiendo, por una parte, las crecientes oleadas que se están presentando en nuestros puentes fronterizos de mexicanos deportados y repatriados por las autoridades norteamericanas.

Por otra parte, el ITM ha estado apoyando las últimas semanas, con las llamadas Ferias del Pasaporte que el Consulado Norteamericano realiza para expedir dicho documento a los hijos de migrantes, que cuentan con la nacionalidad americana.

Por último, el Instituto Tamaulipeco del Migrante, ahora se multiplica para atender con sus propios recursos a los nuevos grupos migratorios africanos.

Estos tres fenómenos claramente rebasan la capacidad institucional y presupuestal de Tamaulipas, para paliar dichos retos institucionales.

Al final del tramo, en Estados Unidos llevan un control, para ello los están recibiendo por grupos, para hacerles entrevistas, ya que solicitan la entrada humanitaria o asilo político.

Por eso, durante el tiempo que ellos esperan para ser llamados al puente internacional, les buscan dónde quedarse para evitar que deambulen y los molesten, les ofrecen las casas del migrante sin ningún costo para ellos pero con un cargo al propio presupuesto limitado.

Significa por todo lo aquí citado, que los nuevos migrantes están literalmente varados en Nuevo Laredo Tamaulipas, a la espera de una aprobación de asilo político en Estados Unidos. La frontera mexicana ha vivido en los últimos tres meses un éxodo de hombres, mujeres y niños. Sin contar con los grandes grupos centroamericanos, que han estado llegando en cajas de trailer.

Además, esta marcha migratoria silenciosa, mantiene en alerta a las autoridades migratorias de Estados Unidos. La Patrulla Fronteriza de Laredo, Texas, reportó la detención de 656 ciudadanos de Bangladesh, que fueron arrestados por entrar ilegalmente a Estados Unidos, lo que representa un incremento del 300 por ciento en comparación al año fiscal anterior.

De acuerdo al Instituto Nacional de Migración -INM-, por la frontera de Nuevo Laredo han cruzado en los últimos tres meses un promedio de 15 a 25 extranjeros africanos, quienes llegan hasta el Puente Internacional I, donde esperan su turno para cruzar hacia territorio estadounidense.

De acuerdo a declaraciones de los propios migrantes africanos, les dijeron los oficiales norteamericanos, que tendrían que esperar entre siete y ocho días para poder cruzar.

Por ello les preocupa, que el permiso que les han expedido las autoridades del INM desde Chiapas, para estar en el país durante 15 días, estarán expirando ya en estos días.

Los migrantes esperan su turno a mitad del cruce internacional, para pasar a las oficinas de Migración del vecino país, donde exponen sus casos y piden asilo. Sin embargo, la mayoría son detenidos y presentados ante un Juez de Migración, donde en un lapso de hasta seis meses se decide su situación legal.

Por último y para darnos una clara idea de lo que esta por venir, autoridades del INM esperan que durante los próximos días estén llegando personas de diversas partes de África, ya que ha trascendido que se expidieron, más de 2 mil permisos para estar en territorio mexicano temporalmente, y desde hace pocos días han estado arribando grupos de africanos con la misma situación.

RELATO NO. 5. CONOFAM COINCIDE EN MÁS PROTECCIÓN A MIGRANTES REPATRIADOS (1 Octubre 2018)

http://www.meridianodehoy.mx/wp/2018/10/01/conafam-coincide-en-mas-proteccion-a-migrantes-repatriados/

De acuerdo a datos publicados hoy, de la autoría del periodista Miguel Timoshenkov, utilizando datos proporcionados por el Lic. José Carmona Flores, Director del Instituto Tamaulipeco de Apoyo al Migrante -ITM-, dieron cuenta de los magníficos resultados de la Reunión Anual celebrada en Monterrey, el pasado jueves y viernes, por la CONOFAM noreste.

GRÁFICAS DE LA REUNIÓN DE INTEGRANTES DE LA CONOFAM DONDE RESULTÓ ELECTO COORDINADOR JOSÉ CARMONA FLORES DEL ITM

Fuente: Fotografías proporcionadas por el ITM con autorización expresa (30/Octubre/2018).

El Gobernador de Tamaulipas, Francisco García Cabeza de Vaca, a través del Instituto de Apoyo al Migrante, ha dispuesto é instruido al Lic. José Carmona Flores, que se coordine con el resto de Estados para optimizar las acciones de auxilio a migrantes mexicanos. Asimismo, se han buscado respaldos con los Consulados de Centroamérica, que son regiones de transmigrantes de ida y vuelta con un sinnúmero de vicisitudes y amenazas a la integridad. Además que crecen los aforos de migrantes frágiles y vulnerables, que son niños y mujeres.

Transcripción de la columna citada:

[...] MONTERREY, NL. – Importantes acuerdos conciliaron en la primera reunión de la Coordinación Nacional de Oficinas Estatales para Atención a Migrantes, (CONOFAM).

El encuentro regional de dos días de zona noreste, estuvieron presentes Coahuila, San Luis Potosí, Tamaulipas, Durango y Nuevo León.

En la sede del Congreso del Estado y la Secretaria General de Gobierno de Nuevo León, se celebraron las reuniones, presentes el Dr. Marco Antonio González Valdez, presidente de la Mesa Directiva del Congreso y Lic. Manuel González Flores, Secretario General de Gobierno.

Los directores de Institutos de Migrantes refirieron desafíos que enfrentaran, planeaciones y nuevas estrategias de servicio al sector migrante, que llega repatriado en medio de sus atribulaciones.

"Tamaulipas necesita de la colaboración de los demás estados. Deseamos continuar otorgando el servicio a nuestros migrantes", planteo José Martin Carmona Flores, director del Instituto Migrante de Tamaulipas. "El número de repatriados por Tamaulipas, riesgos, el costo de su estancia y su traslado al interior del país".

Actualmente se han mantenido convenios con los Institutos de Guerrero, Zacatecas, Michoacán y San Luis Potosí.

Se analizó y se coincidió con Carmona Flores que debe mantenerse la Comisión Especial de Migración en el Congreso.

Además se agendaran reuniones con legisladores estatales, miembros de la Comisiones de Migración en los Congresos para aprender el fenómeno migratorio de la zona, con el interés de ejercer una mejor atención a los connacionales repatriados de Estados Unidos.

Otra alternativa de servicio que se brinda a los connacionales deportados con la atención y beneficio que otorga el Consulado General de Estados Unidos en Nuevo Laredo, de la octava Feria del Pasaporte Americano, para niños y jóvenes binacionales y residentes en Nuevo Laredo.

El interés de las ferias es para cuando se deportan a padres de familia con hijos menores, es que los ciudadanos americanos tengan la capacidad de retornar a su país de origen.

Carmona Flores hizo un balance del servicio que se concede con este proyecto para estos niños, ya que un día regresarán a buscar sus alternativas de vida.

También se trabajó en las minutas con el Subsecretario de Gobierno de Nuevo León, Lic. Gabriel Descampas.

En la reunión estuvo presente Dionicio Delgado, Jr, de US Customs and Border Protection del Consulado General de los Estados Unidos que hizo una presentación del ejercicio que desempañan los agentes cuando se extravían los migrantes.

En el área del Sector Laredo de la Patrulla Fronteriza, se podrían contabilizar decenas de muertos y cientos de inmigrantes que fueron auxiliados y rescatados para su sobrevivencia [...] Fin de cita.

Sin duda, las acciones colegiadas entre los institutos de apoyo al migrante, de la región noreste, brindan mejor resultado que si se llevarán en forma aislada e individual. El fenómeno migratorio y las deportaciones, no pertenecen a un sólo Estado, pero si afectan más al Estado de Tamaulipas, al ser utilizado los puentes de aquí como plataforma de refugio a los deportados de la mayor parte de México.

El ITM no discrimina la atención brindada en servicios de traslados alimentó y dormitorio, al resto de deportados del centro y sur del país, pero si se ve rebasada su capacidad de atención ante el incremento de repatriaciones por Laredo, Reynosa y Matamoros. Este paso de un promedio diario de 500 personas, a más de 1000 diarias.

Por ello nuestro reconocimiento a los funcionarios y representantes de las casas de migrante, por multiplicar las acciones de apoyo.

Ahora sólo falta focalizar el otro problema, que tiene que ver con el incremento de Tráfico de Personas transmigrantes centroamericanos, a través de cajas de autotransporte -tráiler- de alto costo, riesgo y trato inhumano, que amenaza con rebasar los límites de crímenes de lesa humanidad, si se llegan a presentar decesos masivos de mujeres, jóvenes y niños, acompañados y no acompañados.

Aquí el Instituto Nacional del Migrante -INM- no ha podido cumplir y justificar su responsabilidad, de evitar que este fenómeno salga totalmente de control, al no vigilar y evitar desde su origen, que los transmigrantes no sean explotados y abusados desde que son copados ante la oferta de un 'viaje seguro y sin contratiempos', que han convertido al viejo 'sueño americano' en la nueva 'pesadilla americana'.

Los integrantes de la CONAFAM, como los legisladores del CONALYM, tienen ante si atender y evitar estos retos que afectan y dañan los derechos humanos de los aspirantes a migrar a los EUA.

GRÁFICA DE LA FACHADA DEL INSTITUTO TAMAULIPECO PARA LOS MIGRANTES

Fuente: Fotografías proporcionadas por el ITM con autorización expresa (22/Octubre/2018).

RELATO NO. 6. LICENCIAS Y FERIAS DE SERVICIOS PARA MIGRANTES TAM (19 Septiembre 2018)

http://www.meridianodehoy.mx/wp/2018/09/19/
licencias-y-ferias-de-servicios-para-migrantes-tam/

Durante los últimos dos gobiernos del Estado de Tamaulipas, se han desarrollado Ferias de Servicios, para brindar acciones de apoyo a la comunidad de migrantes tamaulipecos, que residen legal e ilegalmente en los EUA, principalmente en el Estado vecino de Texas.

Por ello se torna fundamental, realizar este tipo de labores comunitarias desde el Gobierno de Tamaulipas, ante las urgentes necesidades que se presentan en un grupo de la sociedad, que por razones ajenas a su voluntad, emigraron para buscar mejores oportunidades de vida y desarrollo, que en nuestra patria no lograron consolidar.

Los principales apoyos que nuestros migrantes demandan en dichas ferias, que se realizan en las ciudades norteamericanas con mayor población migrante tamaulipeca, como son Houston, San Antonio, Weslaco, del estado vecino de Texas; tienen la finalidad de brindar los siguientes servicios:

1. Renovación de licencias de manejo. 2. Expedición de actas de nacimiento. 3. Orientación jurídica y de acción diferida.

Para organizar esta importante labor del Gobierno del Estado, se dispone del Instituto Tamaulipeco de Apoyo al Migrante (ITM) y del representante del Gobierno del Estado en Texas, los cuales desempeñan actividades de apoyo para "la atención inmediata e integral de los migrantes en todas sus vertientes, estableciendo programas como políticas públicas en favor de este grupo vulnerable y entre ellos destaca la atención a repatriados deportados de EUA a quienes se les proporciona albergue, ropa y traslados locales (cobros de depósitos)".

Este programa aplica para los migrantes en todas sus vertientes a través de las casas del migrante con las que se tiene convenio en todo el estado.

Además de apoyar en el retorno seguro al deportado o repatriado, el ITM también dispone de programas como los siguientes:

Programa de Doble Nacionalidad; Vinculación con los Tamaulipecos Radicados en Estados Unidos; Feria de Servicios para los Tamaulipecos en EUA; Retorno a casa digno y seguro; Gestión para el apoyo de pasajes a migrantes por su estado de origen: Servicios para la localización de migrantes; Programa de Asistencia integral al migrante; Atención médica, psicológica y jurídica al migrante; Apoyo en gestión para el traslado de restos; Programa de apoyo Humanitarian Parole; Programa de apoyo y gestión para trabajadores en el extranjero; Recuperación de pertenencias de los migrantes repatriado.

Recientemente, se ha estado reclamando por nuestros migrantes, la celebración de una urgente "Feria de Servicios", que ya se había programado para llevarse a cabo en la ciudad de Houston Texas, misma que se ha tornado indispensable, por la abundante demanda de renovación y expedición de Licencias de Manejo, que se volvió un documento requerido en EUA para no ser sujeto de una falta administrativa, que la administración de Donald Trump la ha convertido en un delito grave, por la CRIMINALIZACIÓN hacia el migrante nacional y tamaulipeco, que en caso de estar en el estatus de indocumentados, es causa simple y llana para ser deportados o repatriados.

Por lo anterior, urge llevar a cabo dicha Feria de Servicios en Texas, y apoyar a nuestros hermanos migrantes tanto legales e ilegales para que dispongan de Licencias de Manejo estatales, que son aceptadas como forma de identificación y para amparar el manejo legal y apropiado de vehículos en los EUA.

RELATO NO. 7. MIGRANTES Y DEPORTACIONES DE MUJERES Y MENORES POR TAMAULIPAS (11 Septiembre 2018)

www.ultimasnoticiasenred.com.mx/opinion/migrantes-y-deportaciones-de-mujeres-y-menores-por-tamaulipas/

El pasado miércoles se volvió a cimbrar el tema migratorio, al trascender la noticia de detección de tres tráiler en carreteras de Nuevo León a Tamaulipas, con 336 transmigrantes centroamericanos y sudamericanos, de paso hacia el 'sueño americano'.

Ahora ese sueño se convierte en una 'pesadilla mexicana', al saberse que a dichos migrantes se les permite cruzar la frontera de Guatemala con Chiapas (río Suchiate), se les conecta con traficantes de personas -polleros-, se les traslada por diferentes vías -Tren la Bestia, autobuses y cajas de trailer-, y al casi llegar a su destino, se les descubre, atrapa y se deportan. Perdiendo los pagos que realizan entre 4 mil hasta 7 mil 500 dólares por el 'servicio' de cada persona.

El drama va en aumento para los 336 migrantes centroamericanos y sudamericanos rescatados en Nuevo León desde la noche del miércoles, cifra sin precedente para Nuevo León y Tamaulipas.

Una de las cajas de tráiler, cayó con un primer grupo de 119 migrantes, detenido en un retén militar en la Autopista a Reynosa, al este de Monterrey, a unas pocas horas de la frontera. Era la madrugada del jueves y los transmigrantes a tenían ocho días de su paso por México, iniciando desde la comunidad de El Ceibo, Municipio de Tenosique, Tabasco.

Entre las cajas de los tres tráileres en los que viajaban hacinados los migrantes interceptados en el municipio de General Bravo, se encontraban 137 menores de edad, de los cuales 31 viajaban solos.

A bordo de los vehículos de carga, fueron abandonados los 336 transmigrantes, donde se incluyen los 137 niños y adolescentes que padecieron el temor de ser deportados, sin la compañía de algún familiar.

Los niños tenían la corta edad entre los 2 ó 3 años. El primer grupo de indocumentados iban en un tráiler que fue abordado por las autoridades en torno a un retén, mientras que los demás iban más atrás en otros dos camiones cuyos choferes, al ser alertados por el conductor del primer tráiler, los sacaron de las cajas para que se refugiaran en el monte, mientras ellos continuaron su camino y evitaban ser detectados.

Al ser encontrados, muchos de los niños presentaban deshidratación, los labios secos y la mirada hundida. Entre los 137 menores, 31 se trasladaban sin el acompañamiento de un familiar, por lo que la Procuraduría de Protección de Niñas, Niños y Adolescentes del DIF los resguardó en Capullos y el Albergue Fabriles. Además de los menores, dos mujeres con embarazos avanzados también fueron rescatadas.

De acuerdo a lo publicado por el diario El Norte este 9 de septiembre, se sabe que: [...] Los migrantes que viajaban hacinados en las cajas de tres tráileres hacia la frontera y que fueron interceptados pagarían 7 mil 500 dólares cada uno para que los polleros los cruzaran por México y llevaran a Houston. Pagaron primero 4 mil dólares para atravesar el País y después liquidarían 3 mil 500 dólares más al llegar a esa ciudad texana [...] Fin cita El Norte.

Por último, para darnos una idea de la forma como se empeora el número de transmigrantes de Centroamérica que cruzan por Monterrey y Tamaulipas hasta llegar entre otros puntos a Nuevo Laredo Tamaulipas, este 5 de agosto los encargados de la Casa Migrante Nazareth de Nuevo Laredo, declaró que:

[...] El informe de las autoridades del albergue indica que del total de atenciones en lo que va de 2018, la mayoría fueron hombres, siguiendo en importancia mujeres y niños -entre ellos 332 fueron menores que llegaron a esta ciudad solos o acompañados del algún adulto, algunos de ellos fueron detenidos al momento de cruzar, otros en el trayecto, y unos más ya estando con sus familiares en Estados Unidos.

"Cuando son deportados los niños, llegan al DIF muy lastimados psicológicamente, porque algunos vieron morir a las personas que los cruzaba por el río, pero también llegan muy lastimados de sus pies de tanto caminar, otros llegan lesionados y golpeados", explicó un empelado del sistema DIF de esta frontera.

Asimismo, se menciona en el informe que la mayoría de las personas atendidas fueron de Honduras, pero también hubo ciudadanos de África, con 160 personas.

Sin embargo, cifras de organismos civiles y comerciales, indican que debido a que muchos de los migrantes no pueden cruzar o son deportados, al menos un 50 por ciento decide quedarse a 'vivir' en las comunidades fronterizas en busca de otra oportunidad, lo que genera mayores gastos a los municipios, algunos de ellos no cuenta con suficiente presupuesto para su atención, por lo que vagan en las calles pidiendo ayuda y mendigando, otros se insertan las redes de la delincuencia [...] Fin de cita publicada en el Portal Tamaulipas en Línea el 5/08/2018.

Por lo aquí citado, José Carmona Flores, director del Instituto Tamaulipeco para el Migrante (ITM), reconoce que en estos dos años de Gobierno de Francisco García Cabeza de Vaca,

se han atendido cerca de 150 mil deportados por las tres
grandes ciudades fronterizas del Estado.

Esto a raíz del aumento de tráfico desde Centroamérica, del
endurecimiento de la política migratoria en Estados Unidos,
las deportaciones por Tamaulipas, y en particular por Nuevo
Laredo, aumentaron este año, que hasta junio tuvo un registro
cercano a los 20 mil mexicanos atendidos, lo que representa la
mitad de todos los deportados por Tamaulipas; Reynosa ocupa
el segundo sitio con el 25 por ciento de atenciones.

RELATO NO. 8. REMESAS Y TEMOR DE SER DEPORTADOS EN TAMAULIPAS (30 Agosto 2018)

https://muropolitico.mx/2018/08/30/opinion-economica-remesas-y-temor-de-ser-deportados-en-tamaulipas/

Tamaulipas se convirtió en 18 años, de un Estado atrayente de población migrante para trabajar aquí, en una entidad expulsora de mano de obra y de empresarios, tanto por crisis económica, pobreza e inseguridad.

Por ello, en lo que va de esta centuria, desde el año 2000 a la fecha, registramos cerca de 500 mil tamaulipecos residiendo legal e ilegalmente en EEUU. A fines del siglo pasado eran 300 mil personas, por lo que emigraron cerca de 200 mil.

A la par de este fenómeno, aumentó considerablemente la recepción de remesas en Tamaulipas, pasando de menos de 45 millones de dólares (mdd) en los 90, hasta más de 800 mdd en 2015. El cierre de 2017 se recibieron cerca de 700 mdd y este año se estima cerrar de nuevo con 800 mdd.

En lo que va del año 2018 (primer semestre), el estado ha recibido por envíos de los connacionales un total de 387.01 millones de dólares, fueron 52.61 millones de dólares más que en 2017 cuando habían recibido en el primer semestre 334 millones de dólares, un crecimiento de 13% de forma anual.

Los municipios tamaulipecos que más remesas reciben son Reynosa, Matamoros, Nuevo Laredo, Tampico y Ciudad Victoria. Este dato es engañoso porque influye que en esas ciudades disponen de oficinas de Telecom, casas de cambio y bancos, que a su vez representan a los intermediarios principales como Western Union.

Según el Banco de México se enviaron a Tamaulipas en todo 2017 (del 1 de enero de 2017 al 31 de diciembre de dicho año), 691 millones de dólares, monto que representó casi 38 millones de dólares más que el total de 2016 cuando fueron 654 millones de dólares.

Pese al incremento el porcentaje que las remesas familiares a Tamaulipas representan dentro del total nacional quedó igual, pues en 2016, los 654 millones de dólares cobrados en Tamaulipas representaron el 2.42 por ciento del total nacional que fueron 26 mil 993 millones de dólares, y este año los 691 mdp a Tamaulipas fueron el 2.4 por ciento de los 28 mil 771 millones de pesos.

Para Tamaulipas las remesas son la segunda fuente de divisas luego de la inversión exterior directa que se estima podría ser del orden de los mil 100 millones de dólares. Pues hasta el tercer trimestre de 2017 ya contabilizaba 962 millones. El aumento de remesas es congruente con los señalamientos del Consejo Nacional de Población y del Instituto Nacional de Geografía y Estadística, que señalan que Tamaulipas desde hace cinco años dejó de ser un estado que captaba población para convertirse en un expulsor de población a otra entidades y al exterior, especialmente debido a la inseguridad.

Según datos de la Encuesta Nacional de la Dinámica Demográfica 2014 (Enadid) realizada por el Inegi, solamente el 27 por ciento de los que han emigrado lo han hecho por causa de la violencia.

Cabe mencionar que Tamaulipas aún no alcanza los niveles de remesas del 2013 y 2014, cuando llegaron a mil 82 mdd y 833 mdd, respectivamente, cuando una gran cantidad de pobladores, especialmente fronterizos migraron a Texas en forma temporal.

El envío de remesas de paisanos que radican en alguna parte de Estados Unidos hacia sus lugares de origen en México pudiera tener un incremento en Tamaulipas, aunque no al mismo ritmo que se refleja a nivel nacional. El incremento en las cantidades de dólares que son enviadas, se debe en parte, al temor que sienten los paisanos de poder ser repatriado o deportado por las autoridades migratorias de Estados Unidos.

De los poco más de 20 millones de paisanos que realizan alguna actividad productiva en el vecino país del norte, por lo menos la mitad de ellos se encuentra de manera ilegal en Norteamérica, de ahí el temor de que todo lo que gana, se quede en ese país al momento de ser deportado.

Tamaulipas ya registra ese incremento en cuanto al envío de remesas, es un repunte que definitivamente no va a llegar como se tuvo hace algunos años que superó los 800 millones de dólares, pero se alcanzará a llegar a esa cifra. Se ha estado observando un repunte nacional de paisanos, contrario a lo que se está diciendo, porque están regresando por repatriación o deportación de las autoridades migratorias de Estados Unidos, tomándose en cuenta que son más los que regresan, que los que pretenden ir por el "sueño americano". Por ello, de cierta forma tienen temor de ser deportados por las autoridades estadounidenses y prefieren que todo lo que puedan enviar, lo hagan antes de que sean regresados a sus lugares de origen, sobre todo los que se dedican a una actividad productiva, pero de manera ilegal.

El incremento en el envío de remesas será de cierta manera en forma gradual, al menos mientras el Presidente de EUA Donald Trump se mantenga en el poder, lo que hará que se siga enviando dólares por parte de los paisanos a sus familias, antes de que puedan ser deportados y se quede todos sus ahorros en ese país.

RELATO NO. 9. POR TAMAULIPAS DEPORTAN LA TERCERA PARTE DE MIGRANTES (28 Agosto 2018)

http://laluzdetamaulipas.mx/2018/08/28/por-tamaulipas-deportan-la-tercera-parte-de-migrantes/

Tamaulipas como todos ya sabemos, juega un papel destacado en los temas fronterizos, ya sea en cuanto al comercio exterior, al representar más del 45% del comercio terrestre entre Estados Unidos, Canadá y México, por tener aquí más de la mitad de los puentes internacionales de carga, con 17 de los 35 puentes operando desde Matamoros hasta Tijuana. Resulta que entre Matamoros y Nuevo Laredo tenemos 17 puentes, dos de ellos de ferrocarriles. En Nuevo Laredo opera el llamado Puente Tres, que es el más importante de América Latina en su tipo.

Ésta fortaleza comercial fronteriza, también se ve reflejada por desgracia, en que por Tamaulipas en correspondencia, se registran los mayores retornos forzados de migrantes indocumentados desde los EU. Ya que cerca de la tercera parte -33%- de las repatriaciones o deportaciones, se dan por Matamoros, Reynosa y principalmente, por Nuevo Laredo.

Según datos reportados en entrevista concedida ayer, por José M. Carmona Flores, Director General del Instituto Tamaulipeco para el Migrante (ITM), por los tres puentes migratorios de Matamoros, Reynosa y Nuevo Laredo, en lo que va del sexenio del Gobierno de Francisco García Cabeza de Vaca –noviembre de 2017 a julio de 2018– se llevan deportados poco más de 100 mil migrantes mexicanos, sin contabilizar las deportaciones de los centroamericanos.

Quiere decir, que el Gobierno del presidente norteamericano Donald Trump, ha deportado más de 300 mil mexicanos por esas misma fechas, de los cuales 100 mil se han realizado por Tamaulipas.

Reporta Carmona Flores, que para julio de 2018, Estados Unidos ya había sacado por Nuevo Laredo a 50 por ciento de los 38 mil indocumentados que ha echado este año. Precisó que 25 por ciento salió por Reynosa y el resto por Nuevo Laredo y Matamoros. "Estamos viendo cómo vamos a atender este aumento. En 2017 tuvimos alrededor de 50 mil en todo el año, y en la actualidad ya van 38 mil", afirmó. Agregando los deportados entre octubre y diciembre de 2016, Tamaulipas rebasa los 100 mil deportados.

Continúa diciendo el Director del ITM qué: [...] La intención del presidente Donald Trump, es deportar entre 2017 a 2020, a más de tres millones de mexicanos que no tienen papeles, pero muchos de ellos llegan con sus hijos nacidos en los Estados Unidos, a quienes nadie les da atención. "Es una gran cantidad de niños americanos que llegan de Estados Unidos con sus padres y que en 5 o 6 años van a regresar, van a estar tocando la puerta".

Para esto, en el ITM se les ayuda para que estos niños de ascendencia mexicana, obtengan su pasaporte. "En las últimas ferias de pasaportes, el Consulado General de los Estados Unidos, sólo en dos ciudades Nuevo Laredo y Matamoros emitió 12 mil pasaportes a igual número de niñas, niños y adolescentes". Y nos falta el centro y sur del Estado sin contar el resto de las entidades como Zacatecas o Michoacán. ¿Cuántos niños de padres mexicanos, ciudadanos estadounidenses habrá en México?

-Tengo conocimiento que EU tenía un millón de niños y jóvenes nacidos en su territorio, hijos de deportados de todas las nacionalidades.

Calculo que del porcentaje de esa población, tiene que haber unos 150 mil niños, adolescentes y jóvenes en nuestro país y en posibilidad de regresar a su país natal.

TAMAULIPAS, PUERTA DE REGRESO

De todas las deportaciones de Estados Unidos de 2010 a la fecha, el 33% de las repatriaciones anuales, son por Tamaulipas. Y esto nos tiene totalmente enfocados a la atención de estos mexicanos que regresan a casa, sin descuidar a la población en tránsito y los migrantes extranjeros que están parados. Porque no solo retornan derrotados. Son connacionales con un bagaje de conocimientos, que dominan el inglés, muy emprendedores [...] Fuente: Entrevista de José Carmona a El Sol de México. 26/08/2018.

ACCIONES DEL GOBIERNO DE FGCV:

Para atender esta agenda de choque migratoria, por medio de instrucciones directas del gobierno de Francisco García Cabeza de Vaca, este lunes 27 de Agosto, se celebró una importante Agenda de Trabajo, relacionada con la participación de Tamaulipas, sus autoridades y la sociedad civil, en los lacerantes temas de atender las constantes deportaciones o repatriaciones que realiza el Gobierno del presidente Donald Trump por los puentes fronterizos del Estado.

La reunión celebrada a las 12 horas en Palacio de Gobierno de ciudad Victoria, primero con el Secretario General de Gobierno, Ing. Cesar Augusto Verastegui; posteriormente, dio inicio la Junta de Directores y Delegados del Instituto Tamaulipeco del Migrante (ITM) y representantes de las Casas de Migrantes, con la Lic. Gloria E. Garza, Sub Secretaria de Gobierno, donde se hizo entrega de apoyos que se otorgan a las casas de migrantes desde Matamoros hasta Nuevo Laredo, para las labores de asistencia a los migrantes deportados por EU por los puentes fronterizos tamaulipecos.

Trasciende que fueron cerca de 20 millones de pesos que auxilian para dar cobijo, dormitorio, alimentos y apoyos en pasajes de retorno para los migrantes deportados por Tamaulipas.

Nunca serán suficientes los recursos y acciones que autoridades y sociedad Civil le brinden a nuestros hermanos migrantes deportados y caídos en desgracia por una política discriminatoria, que a la par de repatriarlos, se les criminaliza, cuando su único delito es buscar mejores oportunidades de vida.

RELATO NO. 10. TAMAULIPAS TIENDE A 800 MDD EN REMESAS (3 Agosto 2018)

http://foropolitico.com.mx/opinion-economica-697/

Tamaulipas ha sido la entidad del Norte del país, junto a Nuevo León, que más crecimiento reciente (2000-2018) ha registrado en número de emigrantes expulsados hacia los EUA, así como crecimiento en recepción de Remesas.

En 2014 y 2015 se llegó a contabilizar cerca de 500 mil tamaulipecos en EUA, de los cuales 300 mil son indocumentados. Del resto, residen de forma ilegal cerca de 100 mil personas, al rebasar los seis meses permitidos para sus permisos de turista, o son migrantes fronterizos que trabajan o estudian en Texas y pernoctan en Tamaulipas. Solamente 100 mil migrantes de Tamaulipas residen y laboran con categoría de residentes y ciudadanos.

En esos mismos años 2014 y 2015, se rompieron record de recepción superior a los 800 millones de dólares (mdd) en el Estado. Por dicha cifra Tamaulipas ocupó el lugar 10 dentro de los estados que más remesas reciben. Cuando a principios del 2000 ocupaban el lugar 21.

La mayoría de migrantes de Tamaulipas residen legal e ilegalmente, en el Valle de Texas; sigue después la zona de Houston, San Antonio y Dallas. El resto se distribuye entre Atlanta y Chicago proporcionalmente.

Los últimos años 2016 al 2017 no superamos los 700 mdd de Remesas, pero en este 2018 nos volvemos a acercar a los 800 mdd con clara tendencia marcada en el primer semestre que recibimos cerca de los 400 mdd. En 2016 cerramos con 653.6 mdd y en 2017 la cifra fue 699 mdd.

Así, durante el segundo trimestre de abril a junio de este 2018, llegaron por remesas 215 millones de dólares a Tamaulipas, esta cifra fue 16% superior a la del mismo periodo en 2017, reporto el Banco de México.

En lo que va del año (primer semestre), el estado ha recibido por envíos de los connacionales un total de 387.01 millones de dólares, fueron 52.61 millones de dólares mas que en 2017 cuando habían recibido en el primer semestre 334 millones de dólares, un crecimiento de 13% de forma anual. Los municipios tamaulipecos que más remesas reciben son Reynosa, Matamoros, Nuevo Laredo, Tampico y Ciudad Victoria. Este dato es engañoso porque influye que en esas ciudades disponen de oficinas de Telecom, casas de cambio y bancos, que a su vez representan a los intermediarios principales como Western Unión.

Sin embargo, los municipios de Tamaulipas que más proporción de remesas y migrantes relativos registran. Tienen un migrante por cada residente fijo; además subsisten gracias a los remitentes, ya que de cada tres pesos que gastan, uno viene de remesas; son los pequeños poblados como Tula, Bustamante, Miquihuana, González, San Carlos, entre otros.

A nivel nacional también se espera superar los 27 mil mdd en Remesas, ya que al tercer trimestre se captaron 9,057,585,459 millones de dólares por ese concepto.

El dato oficial de remesas de tamaulipecos en 2014 fue de 835 mdd de acuerdo a cifras oficiales del Banco de México (Banxico). En 2015 fue por 850 mdd. El promedio anterior entre los años 2010-2013 fue de 500 mdd. A principios de la década del 2000 se registraban cerca de 400 millones. Lo que significa que en sólo 15 años Tamaulipas recibe el doble de remesas de nuestros paisanos que trabajan legal e ilegalmente en los Estados Unidos.

Estas cifras de remesas, van de la mano de un repunte de migrantes de Tamaulipas que laboran en Estados Unidos, principalmente en el Estado de Texas (Houston), siguiendo en importancia los estados de Georgia, Oklahoma y Chicago.

Dichos migrantes laboran ahora mayormente en actividades del sector construcción y servicios, superando a la primera y segunda generación de braceros que trabajaron en la agricultura y ganadería americana, entre los años 1960 a 1990.

Nuestros migrantes cuerudos se distinguen por ser altamente productivos, por lo que en EUA se les acoge con dignidad como trabajadores altamente responsables y superan la media productiva de migrantes de otros estados mexicanos.

Cifras conservadoras del Consejo Nacional de Población (CONAPO) registra que en EUA residen más de 500 mil migrantes de Tamaulipas. Por lo que existen un 10 por ciento de tamaulipecos residiendo ya en ese país.

Municipio como Tula, Tamaulipas, registran un migrante en EUA por cada ciudadano que reside en esa localidad. Estos significa que en Tula se tienen 25 mil habitantes y en EUA se registran cerca de otros 25 mil tultecos ya sea nacidos en Tula, o ya descendientes de tultecos que ya tienen más de 20 años de residencia norteamericana.

RELATO NO. 11. MIGRACIÓN SE COMBATE CON PROYECTOS PRODUCTIVOS (23 Julio 2018)

https://muropolitico.mx/2018/07/23/opinion-economica-migracion-se-combate-con-proyectos-productivos/

Desde 2010, vengo investigando el tema sobre migración y remesas, y el combate de la pobreza y la desigualdad por medio de proyectos productivos.

Antes, desde 1993, desde diversos cargos estatales que tuve el honor de disponer en el Estado de Tamaulipas, a través de la dirección de Pymes, he venido proponiendo volver la vista al mercado interno como verdadero motor de la economía, son menoscabo al motor externo que representa el TLCAN desde el año 1994.

Una obra central al respecto, la publiqué en mayo de 2014 con mi Tesis doctoral laureada como premio UAT Tesis Doctoral 2014, denominada "Migración y remesas de Tamaulipecos para actividades productivas. Caso de Tula Tamaulipas". Dicha tesis fue publicada por la propia UAT y la Editorial Plaza y Valdés en diciembre de 2015.

El planteamiento central y focalizado, se centra en la búsqueda institucional y privada, para reproducir proyectos productivos para amortiguar el fenómeno migratorio, aprovechando incluso parte de las remesas de los propios migrantes a través de los clubes y federaciones de migrantes, para plantear infraestructura y empresas que generen valor agregado y empleos para los propios familiares de migrantes y los propios migrantes, en caso de ser deportados.

La tesis central de mis investigaciones, versa que el vínculo existente entre migración, remesas y desarrollo, se le ha dado en llamar "codesarrollo" en Europa; por ello, en esta investigación el marco conceptual parte de la definición de desarrollo, posteriormente se analiza este concepto dentro de las teorías de migración y remesas como componente esencial del desarrollo en México y Tamaulipas.

Posteriormente, mi trabajo introduce el colectivo de participación ciudadana de "clubes de migrantes tamaulipecos," como redes sociales de "cogestión" gestiones de obras comunitarias apoyadas con recursos de remesas de migrantes, conjuntamente con fondos de las instituciones gubernamentales mexicanas.

El término "codependencia" se utiliza como juicio de valor, al ligar el codesarrollo, con los ingresos de remesas de los migrantes que son parte de la población más pobre del país y de Tamaulipas.

De aquí la postura del "desarrollo sustentable," al ser sostenido por capas sociales marginales que desplazan las funciones de las autoridades gubernamentales."

Retomé este tema hoy en mi columna editorial, ante el planteamiento que hace Andrés Manuel López Obrador (AMLO), en el contenido de la carta que envió este domingo al presidente de Estados Unidos, Donald Trump, y en el cual le pide a éste trabajar en materias comercial, migratoria, entre otras, así como a no aplazar el Tratado del Libre Comercio de América del Norte (TLCAN). De acuerdo a lo publicado en el periódico El Excelsior [...] En conferencia, el morenista aseguró que luego de tener confirmación de que el mandatario estadunidense ya recibió la carta que le envió era necesario informar el contenido de ese documento.

Así, Marcelo Ebrard, quien es propuesto para la Secretaría de Relaciones Exteriores, dijo que en la misiva se planteó buscar la cooperación bilateral en distintas áreas como la inmigración, el comercio, la seguridad y el desarrollo social.

Además, entre otros asuntos, explicó que se propuso la creación de un plan migratorio con países centroamericanos en el que cada país aporte recursos y de éstos, el 75 por ciento para la creación de empleos, así como para otros proyectos; en tanto, el 25 por ciento restante, que se destine a seguridad fronteriza.

Mi gobierno está dispuesto a presentar a nuestro Congreso para contribuir con recursos en este esfuerzo y si en este plan participamos todos podríamos reunir una importante cantidad de dinero", resaltó Marcelo Ebrard al leer la misiva de López Obrador.

De acuerdo con lo expuesto, 75 por ciento de los recursos recolectados serán invertidos para la financiación de proyectos productivos para empleos y el resto para la seguridad fronteriza.

"Habrá muchos cambios presidente Trump. Estoy de acuerdo que podemos llegar a acuerdos", cita la carta. Además, López Obrador propuso a Trump no posponer más el TLCAN para no afectar las inversiones […] Fin de la cita en El Excelsior. 21/07/2018.

Por lo publicado y aquí expuesto, observo una gran coincidencia entre mis planteamientos sobre proyectos productivos en favor de los migrantes, y las recientes propuestas de AMLO para detener o tratar de detener las futuras emigraciones de México y Centroamérica.

Espero que esta agenda de Gobierno tenga buena respuesta y acogida por el propio Gobierno de EUA y de los países de Centroamérica, ya que juntos Sociedad y Gobiernos representamos la opción para detener o aminorar las presiones de la pobreza y la desigualdad.

Seguiremos atentos a esta interesante agenda de los cambios que todos esperamos en bien de México y los mexicanos.

RELATO NO. 12. REMESAS Y ABUSOS DE EMPRESAS INTERMEDIARIAS (15 Julio 2018)

http://www.hoytamaulipas.net/notas/349157/Remesas-y-abusos-de-empresas-intermediarias.html

El año pasado México recibió una cifra récord cercana a los 28 mil millones de dólares de remesas de paisanos en los 32 estados de la República.

Tamaulipas en los años 2014 al 2015, registramos cifras superiores a los 800 millones de dólares, siendo en ambas posturas la segunda entrada de divisas sólo un poco por debajo de las divisas que recibimos por la exportación de mercancías y autos.

Las remesas de migrantes en México y Tamaulipas superan las divisas de petróleo, turismo y agropecuarias.

En Tamaulipas, en 2017 se registraron remesas cercanas a los 700 millones de dólares, acercándose al récord de 800 mdd. En estos tres años Nuevo León nos superó, y Coahuila empata con Tamaulipas, mostrando que los estados fronterizos ya no son ajenos de la migración laboral y el fenómeno de remesas como lo son los estados de Michoacán, Guanajuato, Zacatecas entre otros del Bajío, que son los estados tradicionales migratorios.

Las remesas hoy día son amenazadas por las políticas migratorias del Gobierno de Donald Trump, que continúa con su Política de Cero Tolerancia, construcción del Muro, aplicación de deportaciones masivas, con al grupo de migrantes estudiantes (DACA) y separación de niños de padres.

Las remesas han sido amenazadas de ser retenidas o incautadas incluso, para financiar el famoso Muro. No obstante de ser cuestiones ilegales y abusivas, continúan los riesgos contra la migración legal e ilegal de mexicanos y centroamericanos.

En medio de estas experiencias y manifestaciones, este viernes tuve la oportunidad de cobrar un envío tipo remesas por medio de la empresa "Money Gram", que junto a la otra compañía "Western Union" encabezan el liderato de intermediarios de los envíos de mexicanos.

Los envíos se reciben ya sea en bancos como Bancomer, Banorte u otros, así como en empresas como Oxxo, Farmacias Guadalajara, Coppel y Walmart. En mi caso utilice el medio más institucional reconocido y de seriedad, que es la empresa de Gobierno Telecomunicaciones (Telecom).

Como la mayoría de paisanos, sufrí para poder cobrar el envío. Primero por la terminología imperante, uso de códigos entre 8 y 11 dígitos. En el caso de Bancomer sucursal del 8, me enfrente con la actitud grosera e ignorante de los cajeros y ejecutivos del Banco.

Los empleados sólo se preocupan que el cliente no utilice sus dispositivos y celulares, sin preocuparse de asesorar y asistir al cliente. Además de sufrir las colas del día de quincena.

En las cajas de Oxxos y Farmacias Guadalajara, la falla para poder cobrar, estriba que utilizan bajos fondos para los pagos (cantidades menores de 15 pesos promedio).

Walmart es la empresa que mejor atiende, sin dejar de ser burocrático el procedimiento, ya que piden al cliente copia fotostática del IFE, además de lis códigos citados.

Un abuso que sufren los paisanos en el cobro de remesas, estriba en el bajo tiño de cambio con que se tasa el envío, siempre mejor al tipo de cambio a la compra del día de la operación. Otro sacrificio estriba en el cobro de la Comisión que cobran las empresas intermediarias, además de ía citada falta de liquidez de cada caja pagadora.

Por ello la opción institucional que representa Telecom, aparece como la más seria y decente de las empresas citadas.

Sólo pensemos ¿cuánto dinero perdemos los migrantes mexicanos y centroamericanos en pagos de comisiones y bajos tipo de cambio que se embolsan estas empresas?

No cabe duda que al más pobre siempre se le abusa más que al rico, y con todo ello nuestros paisanos siguen siendo los héroes de este país, que continúan esforzándose para salir a trabajar legal o ilegalmente, y siguen enviando remesas a sus familiares para que la vida siga adelante.

En medio de todo, seguiremos atentos en que terminan las amenazas de muros y deportaciones, así como la aceptación o no del nuevo TLCAN entre México, EUA y Canadá.

RELATO NO. 13. NIÑOS MIGRANTES POR TAMAULIPAS (22 Junio 2018)

http://www.ultimasnoticiasenred.com.mx/opinion/ninos-migrantes-por-tamaulipas/

Mientras se debate en la frontera americana por el trato y destino de cerca de 2 mil niños centroamericanos migrantes, separados de sus padres en jaulas, por la política de "tolerancia cero" de las leyes migratorias de EUA, en México y Tamaulipas a diario vemos cruzar padres con menores y menores migrantes no acompañados.

Este fenómeno se presenta a diario, pero ahora hace escándalo, porque el Gobierno del presidente Donald Trump está determinado para criminalizar este movimiento masivo migratorio, que amenaza de salirse de total control.

La contraorden dada ayer para ya no separar a los niños de sus padres, se da cuando se descontroló el registro y distribución de los 2 mil 500 niños, casi totalmente centroamericanos. Se dice que sólo 25 niños son de origen mexicanos.

Pero que hace el Instituto Nacional de Migración (INM) para contener las oleadas de niños migrantes solos y acompañadas, que en el último año se incrementó en más del 16% de acuerdo al propio INM.

Para muestra del problema, cuando se conoce los casos de dichos niños que ya llegan a la frontera de Tamaulipas, una vez cruzando sin parecer ser vistos por más de 12 Estados y más de 6 mil kilómetros sin ser detenidos. Citamos lo declarado por autoridades del DIF Tamaulipas, sobre la atención de los niños, que se contabilizan en promedio de 60 niños por cada mes, o sea 720 al año. Sólo en Reynosa Tamaulipas.

En nota periodística publicada por Rodolfo Sol, el pasado 21 de mayo, en el Mañana de Reynosa [...] Cada mes, en el Centro de Atención a Menores Fronterizos (Camef) se brinda asistencia integral a un promedio de 60 niños centroamericanos menores de tres años, quienes junto con sus padres indocumentados son interceptados en la región por autoridades, cuando se dirigen a Estados Unidos.

José Guadalupe Villegas García, coordinador del organismo, informó que la mayoría de los niños migrantes, de 1 a 2 años de edad, por lo general vienen acompañados por uno de sus progenitores (Mamá o Papá), no de ambos.

A dichos menores se les proporciona albergue, alimentación, vestimenta y asistencia médica, entre otras atenciones, en las instalaciones del Camef, al igual que a sus progenitores.

El tiempo de permanencia de los niños centroamericanos y sus padres en el Camef es de tres a cuatro días, lapso en que los menores reciben nutrimentos, leche, biberones, pañales y material de higiene.

Mientras tanto, las autoridades del Instituto Nacional de Migración (INM) realizan los trámites para trasladarlos junto con sus padres, vía terrestre, hasta Tapachula, Chiapas, y de ahí a Ciudad Hidalgo, población chiapaneca que hace frontera con Guatemala [...] Fuente: Rodolfo Sol. El Mañana. 21/Mayo/2018.

La pregunta obvia sería... ¿Qué acciones hacen las distintas autoridades, que dejan pasar hasta las distintas fronteras, a esas oleadas de migrantes?

¿Es lógico que pasen hasta la frontera tamaulipeca, para luego asistirlos dando alimento y transporte de nuevo para regresarlos desde donde vinieron?

¿Cuántos migrantes logran pasar a su destino del "sueño americano" sin ser "descubiertos", para luego ser atrapados por las autoridades migratorias del ICE de EU, y los confinen y separen resultando en el actual fenómeno provocado por el programa "tolerancia cero"?

¿Quién está siendo beneficiado por ese constante tráfico de personas, que sabemos son trasladados en cajas de tráiler hacinados y sin servicios, pagando promedios de 2 a 3 mil dólares por persona?

Por todas estas preguntas, desde aquí lanzamos un llamado de responsabilidad a nuestras distintas autoridades, que ante su omisión de cumplir con su trabajo de contener las oleadas de migrantes, estos llegan en partes a los EUA para ahora sufrir lo que se está reseñando en todos los medios.

Con estas omisiones, seremos cómplices de estos crímenes de "lessa humanidad", si no paramos de tajo con las oleadas de migrantes que están cruzando por todo México.

Entendemos que los ciudadanos de Guatemala, Honduras y El Salvador, principalmente, buscan el "sueño americano" ante la violencia e inseguridad que viven en sus países, que no prestan las alternativas viables de medios de vida. Pero no entendemos que esto se presente cuando en EUA ya no están dispuestos a seguir recibiendo estas migraciones, que se juntan con las propias de emigrantes mexicanos...

¡Estamos ante un auténtico círculo vicioso que se debe terminar ya!

RELATO NO. 14. MIGRACIÓN CERO POR TAMAULIPAS (28 Mayo 2018)

http://www.ultimasnoticiasenred.com.mx/opinion/migracion-cero-por-tamaulipas/

De acuerdo a las cifras oficiales del Instituto Nacional de Migración (INM), las salidas de emigrantes mexicanos indocumentados contra las deportaciones de la Agencia ICE, nos resulta en CERO. Significa que por cada emigrante a la fecha, reportan otro.

Este dato viene a colación, por que el pasado miércoles se reunieron las autoridades Federales y Estatales, junto al representante de la Cámara de Diputados, para hacer un balance de deportados por Tamaulipas.

El pasado miércoles, en la Torre Bicentenario, piso 22, en Victoria, se llevó a cabo una reunión entre la SEGOB a través del INM (Inst. Nacional de Migración), SRE, la SEDENA, la SCT a través del Rep. Estatal de "Los Ángeles Verdes" y otras a nivel federal, con dependencias del Gobierno de Tamaulipas, como la Secretaria General de Gobierno a través del ITM (Inst. Tamaulipeco para los Migrantes), la Secretaría de Turismo, la Secretaría de Seguridad Estatal, la Secretaría de Salud, y otras.

Con el fin de conocer establecer el "Programa Paisano Edición Verano 2018".

Mismo que iniciará este próximo 18 de Junio y terminará el 19 de Agosto. Su duración será de 73 días.

Según lo informó el Maestro, Luis Eduardo Vega, Delegado Fed., del INM en Tamaulipas.

Destacó que los ingresos totales por Tamaulipas según datos de años anteriores han ido en aumento.

En el pasado verano del 2017, ingresaron por nuestra frontera 207,890 personas y para este verano del 2018 se esperan 218,285. Un 5% más que el año pasado.

RELATO NO. 15. LA ODISEA DE MIGRANTES Y TRANSMIGRANTES (16 Abril 2018)

Esta semana, el doctor Roberto Ochoa y el suscrito, terminamos y enviamos nuestro ensayo – ponencia denominado "Diáspora de Migrantes Tamaulipecos y Transmigrantes Centroamericanos", que será expuesto el próximo viernes 25 de mayo, en el Congreso internacional LASA de Barcelona.

Ante los temas interesantes que concluye este trabajo inédito, nos permitimos adelantar aquí, parte de las conclusiones.

[…] México es una nación expulsora de migrantes, principalmente hacia los Estados Unidos de América (EUA), a la vez que es receptora de migrantes centroamericanos, y sudamericanos, algunos de manera permanente y otros en tránsito, desplazándose hacia nuestro vecino país del norte.

En la última década, estos movimientos migratorios irregulares hacia Estados Unidos se han producido en un contexto de incremento de la inseguridad y, por tanto, de mayor vulnerabilidad de las personas migrantes frente a amenazas de extorsión, asalto, violación, secuestro e incluso homicidio, entre otras (Lera, 2018).

Por lo tanto, los flujos migratorios de trabajadores mexicanos y centroamericanos se enfrentan a modernos controles migratorios y al incremento de medidas restrictivas enfocadas a los trabajadores internacionales que se desplazan por motivos laborales a territorios distintos a sus lugares y países de origen, ocasionando riesgosas odiseas y fatídicas rutas para el desplazamiento de estos trabajadores (Anguiano y Trejo, 2010).

Aunque el esfuerzo conjunto por repatriar migrantes a sus lugares de origen ha tenido cierto éxito con migrantes aprehendidos en la frontera, México debe instituir procedimientos, prácticos que permitan a todo migrante repatriar sus ahorros y activos a México y mecanismos financieros, aduanales y administrativos que los hagan viables.

Sugerimos que, a la par de la regularización, ambos gobiernos les ofrezcan opciones e incentivos para volver a México, tales como estos programas de pareo de fondos.

Dado que estos migrantes de largo plazo tienden a tener más experiencia laboral y activos de varios tipos, el impacto de su retorno será positivo.

Importante punto será ofertar recursos federales a municipios fronterizos de estados como Tamaulipas, para apoyo de migrantes deportados de orígenes distintos a la misma entidad, y puedan volver a su lugar de origen y no quedar varados en la frontera a expensas de ser reclutados por criminales, esto sería parte de Leyes estatales.

Las falta de coordinación de las políticas migratorias con políticas laborales conlleva, a reconocer que en México y Tamaulipas las autoridades no están preparados para recibir honradamente a esta población, que "sabe trabajar, tienen capacitación y estudios, hablan inglés, además de gran actitud al trabajo".

No se puede ofrecer empleos formales y bien remunerados, no hay capacidad para regularizar sus estudios. Recordemos que precisamente se fueron de Tamaulipas y de México por la falta de oportunidades y por la grave inseguridad.

Los desaciertos, la falta de conocimiento de la problemática que aqueja al fenómeno migratorio, la descoordinación y la ineficacia de las políticas diseñadas en la materia, obligan a intervenir de manera urgente en favor de los migrantes, adecuando las normas, instituciones, programas y apoyos destinados para su atención, a través de Políticas Públicas adecuadas.

Punto fundamental, será que el Poder Legislativo continúe con la propuesta social de promulgar una —Ley Nacional de Migración y proponer la creación de Institutos Estatales de Migración, en estados problemáticos como Tamaulipas, que retome los vicios y fallas del sistema migratorio mexicano, que además incluya todos los aspectos relacionados con los derechos de los migrantes tanto nacionales como extranjeros, que quite la carga de criminalización que pesa sobre ellos, en contraparte a las xenofóbicas leyes migratorias regionales que diversos estados de la Unión Americana están promulgando en imitación a la Ley Arizona y la Ley SB4 de Texas.

Un tema pendiente de análisis, será ver la forma como afectarán las deportaciones en las economías y medios de vida de familias de migrantes de Tamaulipas, especialmente dentro de los municipios rurales que son los principales expulsores de mano de obra del Estado.

Esto al estimarse dos presiones de corto plazo: a) las deportaciones masivas de trabajadores indocumentados del Estado; b) la caída drástica de los actuales flujos de remesas de migrantes hacia las familias beneficiadas, que son primordiales para su manutención, ya que sin ellas se incrementaría exponencialmente la pobreza y desigualdad de los municipios rurales de Tamaulipas.

Las preguntas siguen siendo ¿Qué sucederá cuando estas deportaciones se dupliquen y cuál será la problemática de faltas de empleo y oportunidades productivas para los deportados en

México? ¿A ciencia cierta cuál es la gravedad de las violaciones de los derechos humanos de los centroamericanos en territorio mexicano? […] Lera & Ochoa. 2018.

Con estas dudas nos quedamos, y prometemos que seguiremos investigando sobre este apasionante tema que como dijimos, sigue inédito ante la gravedad de sus implicaciones.

RELATO NO. 16. RESPALDA Y ORIENTA A REPATRIADOS EL INSTITUTO TAMAULIPECO PARA LOS MIGRANTES (24 Marzo 2018)

http://laluzdetamaulipas.mx/2018/03/24/respalda-orienta-repatriados-instituto-tamaulipeco-los-migrantes/

A 163 migrantes se les trasladó a sus lugares de origen en cinco autobuses, en tanto que 43 fueron instalados en la Casa del Migrante.

Nuevo Laredo, Tamaulipas.- A través de acciones de asistencia, apoyo y guía, el Instituto Tamaulipeco para los Migrantes, brinda respaldo de manera continua a los mexicanos repatriados de los Estados Unidos.

José Martín Carmona Flores, titular del instituto, informó que el contacto directo con los connacionales permite conocer la problemática y dar cumplimiento a la instrucción del gobernador de Tamaulipas, Francisco García Cabeza de Vaca, a brindar apoyo inmediato a los paisanos que así lo requieran.

GRÁFICAS DE LA OFICINA DEL INSTITUTO TAMAULIPECO PARA EL MIGRANTE (ITM)

Fuente: Fotografías proporcionadas por el ITM con autorización expresa (22/Octubre/2018).

"El martes, asistimos a un total de 210 repatriados, certificamos que se les diera la atención requerida, que se respeten sus garantías y posteriormente se les asistió en sus necesidades", explicó Carmona Flores.

En este caso, a 163 migrantes se les trasladó a sus lugares de origen en cinco autobuses, en tanto que 43 fueron instalados en la Casa del Migrante donde recibieron alimentación, vestido, calzado, así como asistencia médica y pláticas motivacionales, además de asesoría que les orienta sobre los beneficios a los que pueden acceder en su situación.

**GRÁFICAS DE LA OFICINA DEL INSTITUTO
TAMAULIPECO PARA EL MIGRANTE (ITM)**

Fuente: Fotografías proporcionadas por el ITM con
autorización expresa (22/Octubre/2018).

En tanto que el miércoles se le brindó asistencia a 197 connacionales, de los cuales 156 regresaron a sus lugares de origen, 37 fueron trasladados a la Casa del Migrante, dos más fueron recogidos por familiares y dos decidieron continuar su camino por cuenta propia.

José Martín Carmona, titular del instituto, procedió con el corte de brazaletes que le fueron impuestos a los mexicanos en los Centros Migratorios de Detención de los Estados Unidos y les explicó que es un dispositivo del cual no tienen necesidad de portar en territorio nacional. Así mismo, personal del Instituto Tamaulipeco de Educación para Adultos les asistieron para orientarles acerca del procedimiento que les permitirá retomar sus estudios. El Instituto Tamaulipeco para los Migrantes, tiene como propósito facilitar el tránsito en nuestro estado y brindar el apoyo a los connacionales, basado siempre en un trato humano y digno que atienda sus necesidades.

GRÁFICAS DE LA OFICINA DEL INSTITUTO TAMAULIPECO PARA EL MIGRANTE (ITM)

Fuente: Fotografías proporcionadas por el ITM con autorización expresa (22/Octubre/2018).

RELATO NO. 17. TRANSMIGRANTES POR TAMAULIPAS DEBE LEGISLARSE (14 Febrero 2018)

http://foropolitico.com.mx/opinion-economica-599/

El representante del gobierno del Estado en la zona ribereña y Nuevo Laredo, Alberto López Fonseca, ex presidente estatal del PAN, reconoció que la nueva avalancha de transmigrantes centroamericanos a través de cajas de tráiler, es producto de la corrupción de funcionarios federales, asunto que nace desde el lugar de origen de migrantes. Guatemala frontera con Chiapas.

En las últimas semanas, cientos de extranjeros indocumentados han sido rescatados en Oyama, Hidalgo, y en Matamoros, siendo muy sospechosa la forma en que burlan la vigilancia de los agentes federales de migración. Más que dichos extranjeros cruzan por más de 7 distintos estados, en los cuales se tienen innumerables retenes de carretera operados por soldados, federales, garitas sanitarias, módulos de migración, autoridades locales, etc.

También ha trascendido, que las bandas operadoras de tráfico de personas, han cambiado el modus operandi, dejando de utilizar el llamado tren "La Bestia", ahora usando camiones de carga seca y/o refrigerados, así como líneas de auto transporte federales, contando con la colusión de autoridades federales y empresas.

Por esta emergencia, este martes 13 de febrero, un grupo de ciudadanos y autoridades, nos entrevistamos con el Diputado Local por Nuevo Laredo, Glafiro Mendiola Salinas, Líder del Congreso del Estado de Tamaulipas, asi como el CP José Carmona Flores, Director del Instituto Tamaulipeco para el Migrante, los Delegados de Reynosa y Matamoros, el dirigente de la Federación de Migrantes "Casa Tamaulipas" en Houston Texas, Román Pérez Bock y el Doctor Jorge A. Lera Mejía, investigador universitario sobre el tema migratorio.

El asunto que fue propuesto al lider del Congreso, fue sobre la necesidad de legislar una nueva "Ley Estatal sobre Migración en Tamaulipas". La justificación que expresamos fue por la urgencia para atender varias aristas, incluyendo transmigrantes y menores no acompañados. Expusimos la necesidad de sumar esfuerzos Sociedad civil, Universidades, Líderes Migrantes, Autoridades Federales, Estatales y Locales, junto con los legisladores estatales de Tamaulipas y resto de entidades involucradas.

El Diputado Mendiola hizo un reconocimiento del fenómeno migratorio y su problemática, expresó que en la pasada Legislatura Federal, donde tuvo la oportunidad de ocupar la Secretaría de la Comisión de Relaciones Exteriores, estudiaron esta situación donde son afectados los derechos humanos de Migrantes mexicanos y extranjeros de paso.

Además, coincidió con nosotros, que Tamaulipas al ser zona obligada de paso de mercancías y personas, se ve afectado por los múltiples problemas y factores que inciden en el registro creciente de tráfico ilegal de personas, incluso reconoció la existencia de tráfico de órganos.

Una experiencia y muestra clara de esta problemática, que se agrava en Tamaulipas ante el grave registro de corrupción, lo declaró al periódico El Mercurio, el director de Operación de la Secretaria General de Gobierno en Nuevo Laredo-Ribereña, José Alberto López Fonseca.

(…) Entre todas las autoridades que no cumplen con sus obligaciones y permiten que cientos de migrantes sean trasladados todos los días por este estado en condiciones inhumanas para ser ingresados de forma ilegal a Estados Unidos.

En los últimos días, 580 migrantes, entre ellos menores de edad no acompañados y menores embarazadas, fueron rescatadas en cuatro distintos operativos que efectuaron elementos de la Secretaría de la Defensa Nacional (Sedena), la Marina y Policía Estatal en distintos municipios de Tamaulipas.

El ultimo rescate se llevó a cabo la noche del domingo 11 de febrero en Matamoros, donde elementos de la Marina y Policía Estatal liberaron a 44 migrantes, dos días antes, el viernes 9 de febrero en seis Casas de Seguridad localizadas en Matamoros el ejército rescató a 299 migrantes.

Los días 3 de febrero se logró la liberación de 198 migrantes en el poblado de Oyama que eran transportados en cajas de trailers y el 26 de enero en ese mismo lugar y también de la caja de un tráiler fueron rescatados otros 109 indocumentados.

"No perdamos de vista que venimos arrastrando un problema de corrupción muy grave entre todas las autoridades que permanentemente no cumplen con sus obligaciones y eso da como resultado que esto se vaya incrementando día a día", dijo José Alberto López Fonseca.

El funcionario insistió en que "no podemos hacernos, omisos sabemos que obviamente este gobierno ha trabajado arduamente en el combate a la corrupción y ya sabemos que ha habido resultados pero todavía hay muchas cosas por hacer".

Apenas la mañana del viernes, antes del rescate de los 299 migrantes, la Directora del Sistema DIF Tamaulipas, Omehira Reyna, alertaba sobre un inminente "desastre humanitario" por las condiciones inhumanas en que son trasladados los migrantes que llegan al estado en condiciones de desnutrición, deshidratación y hacinamiento por decir lo menos.

En este tema, el director de Operación Nuevo Laredo-Ribereña, reconoció que en Nuevo Laredo se ha incrementado el cruce de indocumentados y que la instrucción del Gobernador es estar en coordinación con las autoridades ligadas con el tema para combatir ese delito (...) Fuente: Daisy Verónica. El Mercurio, 11/02/2018.

Esta evidencia, nos respalda ante la propuesta urgente de legislar en Tamaulipas para organizar en forma integral este fenómeno que debe ser prevenido y coordinado con las autoridades centrales de Instituto Nacional de Migración y la Comisión Nacional de Derechos Humanos, para evitar un desastre de altos costos políticos y sociales.

RELATO NO. 18. DIF: RIESGOS POR MENORES TRANSMIGRANTES (11 Febrero 2018)

http://elreportero.mx/?p=12241

En fechas recientes, los observadores e investigadores del fenómeno migratorio, vemos con preocupación el disparo y descontrol que se registra por nuestras fronteras, del paso indiscriminado de transmigrantes centroamericanos adultos y además, cada vez mayor, de menores acompañados y no acompañados. Sumado a ello, de jóvenes adolescentes embarazadas.

Un reto y compromiso mayor con esta diáspora migratoria, los "transmigrantes centroamericanos y las células de menores no acompañados", que forzosamente tienden a cruzar por nuestras fronteras tamaulipecas, será luchar para qué el Gobierno de Tamaulipas, el Instituto Tamaulipeco para los Migrantes, el DIF Tamaulipas, el Congreso del Estado, junto a las 32 legislaturas representadas por los Congresos estatales del país, constituyan una "Comisión de apoyo al migrante", y legislen en favor de los derechos humanos de los migrantes nacionales y los transmigrantes de otros países de paso por México, además de los deportados.

Cito lo anterior, al observar que las autoridades federales no están cumpliendo con su tarea, al permitir que desde el origen, desde las frontera sur del país por el Río Suchiate del Estado de Chiapas, el Instituto Nacional de Migración se convierte en invisible, poroso, inservible; al permitir que desde ahí los grupos de "polleros" copten y contraten con grandes masas de transmigrantes, para ser trasladados en camiones de carga, hacinados, con las menores condiciones de higiene y seguridad a estos desprotegidos invisibles.

No es posible que dichos cargamentos humanos logren evadir más de 2 mil kilómetros de carreteras federales y estatales, cruzando Chiapas, Oaxaca, Tabasco, Veracruz, Puebla, San Luis Potosí, Veracruz, hasta llegar a Tamaulipas, y sólo sea hasta llegar aquí, a sólo unos cuantos pasos de cumplir su meta de cruzar hacia los EUA y cumplir su llamado "Sueño Americano", cuando se descubren por las autoridades migratorias su triste existencia.

Recordando que por dicho servicio de transporte, los transmigrantes centroamericanos cubren cuotas que rebasan los dos mil dólares por persona, esto es, cerca de 38 mil pesos, multiplicado por grupos de más de 70 personas por tráiler promedio, significan ingresos superiores a 2 millones 660 mil pesos por camión. Negocio altamente rentable que se ha convertido la llamada trata y traslados de personas, donde surgen sospechas de complicidades.

Este fenómeno que afecta a nuestro estado, fue reconocido este 8 de febrero por la Directora General del Sistema DIF Tamaulipas, Lic. Omeheira López Reyna, la cual mencionó que a raíz de la detección de indocumentados que se ha hecho recientemente en la entidad, ha crecido la preocupación y el trabajo por atenderlos basándose en los principios básicos de los Derechos Humanos. En entrevista López Reyna manifestó que a los transmigrantes se les atiende con albergue, alimentación, consultas médicas, medicamento y en coordinación con otras dependencias gubernamentales se les da asesoría para que de manera segura puedan regresar a su lugar de origen.

La Directora del DIF Estatal dijo que de un total de 198 extranjeros que están atendiendo 76 son de Guatemala, 103 de Honduras y 19 de El Salvador, entre los cuales hay 54 menores acompañados por algún familiar y 24 menores que viajaban solos. Además viajaban 2 adolescentes embarazadas y una mujer mayor de edad también embarazada que viajaba junto con una hija; estas últimas mujeres están siendo atendidas en el Centro de Atención a Menores Migrantes de la ciudad de Tampico.

Del resto de los adultos se mencionó que 28 de ellos están actualmente en la estación migratoria de Tampico y el resto están en la ciudad de Acayucan en el estado de Veracruz. (Fuente: Noreste Digital. Rio Rice. 8/02/2018).

Con este fenómeno del aumento de menores transmigrantes, a la par del problema de derechos humanos que contraen los cruces de indocumentados por medio de nuestro territorio, se insiste adicionalmente por parte del Gobierno de Donald Trump, que la migración representa una amenaza para Estados Unidos y para México, con la idea de que los terroristas potenciales pueden intentar colarse al país junto con los migrantes indocumentados (Cornelius, 2007: 275).

Sin embargo, la evaluación de los riesgos que pueden representar los migrantes indocumentados a la seguridad nacional debe realizarse en forma serena y realista, sin descuidos ni paranoias. Ante todo, resulta necesario cuestionarse si tanto en Estados Unidos como en México la idea de que la migración constituye una amenaza a la seguridad nacional puede representar un caso de xenofobia enmascarada. Es decir, las aristas en los vínculos entre migración y seguridad nacional pueden fomentar la exacerbación de posiciones discriminatorias, racistas o xenófobas, aquí y allá. Por ejemplo, nos preguntamos si los controles migratorios extremos son la herramienta adecuada para combatir posibles internaciones con ánimos terroristas (Artola, 2006: 110).

Por este fenómeno y problemática social migratoria, el actual Gobierno de Francisco García Cabeza de Vaca está determinado de actuar y avanzar en miras de atender las amenazas contra los derechos humanos de nuestros migrantes tamaulipecos, mexicanos y centroamericanos. Para ello dispone del Instituto Tamaulipeco para el Migrante, y este se apoya en la Dirección del DIF y las Casas de Migrantes que ofrecen servicios institucionales, hospedaje, alimentación y atención médica. Por otra parte, no queremos que se vuelvan a repetir los lamentables hechos registrados en el año 2010, donde fueron abatidos más de 70 migrantes centroamericanos en la zona de San Fernando, hechos que dieron la vuelta al mundo. Tampoco queremos seguir presenciando los constantes levantones de migrantes, que frecuentemente son amenazados para ser extorsionados. Este debate, nos muestra que debemos ahondar con estudios serios y responsables, sobre los efectos y costos políticos y sociales que Tamaulipas está sufriendo ante estos embates migratorios, y expresar un extrañamiento ante las autoridades federales que deben atender las causas del problema, y no dejar solas a nuestras instituciones de Tamaulipas para resolver un fenómeno que inmiscuye tanto a los gobiernos de Centroamérica, de EUA y sobre todo, a las autoridades mexicanas. Se debe atender esta agenda de forma integral y responsable. No dejar que se salga de control.

RELATO NO. 19. REMESAS TAM CIERRA 2017 CON 691 MDD (2 Febrero 2018)

De acuerdo a datos oficiales, que circularon este jueves 1 de febrero por fuentes del Banco de México, en 2017 la cantidad total de remesas que ingresaron al país fue de 28 mil 771 millones de dólares (mdd), cifra récord y 6.6 por ciento superior a las registradas en 2016. (Banco de México. 01/02/2018). Tamaulipas se acercó de nuevo a los 700 mdd.

Durante el mes de diciembre, las remesas su ubicaron en 2 mil 604 mdd, lo que significó un incremento de 11.1 por ciento en comparación de diciembre de 2016, de esta manera, diciembre se convirtió en el segundo mes con mayor cantidad de envíos de trabajadores, sólo por debajo del mes de octubre, donde se recibieron 2 mil 642 millones de dólares.

Durante el cuarto trimestre de 2017, las remesas crecieron 8.2 por ciento anual, cifra por encima del 6.2% que registró el tercer trimestre y por el 5.9% que se reportó en el primer semestre del año.

Las remesas de los trabajadores han estado agregando apoyo a la cuenta corriente y al consumo privado, sobre todo para las familias de bajos ingresos, que tienen alta propensión a consumo y son los destinatarios principales de tales transferencias.

Por otra parte, y en lo que se refiere al Estado de Tamaulipas, con estos resultados del gran cierre de recepción de remesas en México, también se logró recuperar un poco la anterior recepción récord del año 2014, que superó la llegada de

800 millones de dólares, las cifras oficiales destacan que Tamaulipas cerró el año recibiendo un total de 691.1 mdd. Recordemos que en 2016 Tamaulipas recibió 653.6 mdd. Esto es, hubo un aumento de 37.5 millones de dólares de un año a otro. Cifra cercana a la inversión extranjera del Estado.

México y Tamaulipas, han tenido un aumento exponencial en aumentos de Remesas individuales y colectivas, al grado que en fechas recientes estas divisas ya superan las entradas del petróleo, agropecuarias, turismo, maquiladoras, y sólo abajo de las divisas ocasionadas por el sector automotriz.

Con ello Tamaulipas ocupa ya el lugar número 14 de los estados que más remesas recibe, con el 2.4% de participación Nacional. Muy cerca de Estados con mayor tradición migratoria, como Hidalgo y Zacatecas.

Se resalta al Estado de Nuevo León, que participa con el 2.9% a nivel nacional y 810 mdd recibidas al cierre de 2017. Hace 4 años Nuevo León recibía menos que Tamaulipas, este es un caso peculiar siendo una entidad industriosa.

En Tamaulipas, apenas en el año 1995 se recibían 47 mdd de Remesas, pasando en sólo 12 años a 517 mdd en 2007. Significa que nuestro Estado de multiplicó en 11 veces las remesas en ese corto tiempo.

A nivel nacional, se pasó de 3,673 mdd en 1995, a 26,050 en 2007, por lo que se aumentó sólo 7 veces en ese mismo periodo, mostrando que Tamaulipas se apuntó en sólo 12 años como un Estado emigrante y remitente de braceros.

Esto se explica, debido que Tamaulipas en 1995 sólo registraba 160 mil paisanos residiendo legal e ilegalmente en los Estados Unidos; para la década del 2000 ya registra 350 mil emigrantes y en 2017, se calcula que ya residen más de

500 mil tamaulipecos en EUA. Significa que en solo 20 años en el Estado, se triplicó la emigración hacia EUA.

Las Remesas de Tamaulipas rebasaron incluso la barrera de los 800 mdd en los años 2014 y 2015, cerrando en 653.6 mdd en 2016; y superando los 691 mdd este año 2017. Así se espera pronto, de continuar este ritmo de ascenso, que Tamaulipas vuelva de nuevo a la barrera de los 800 mdd.

Se debe estudiar cómo aprovechar más racionalmente estas altas cifras de dólares, que ahora se van cerca del 95% a consumo doméstico principalmente, solamente usando el 5% en ahorro e inversiones productivas.

RELATO NO. 20. CDEV: CAPACITACIÓN A DEPORTADOS (30 Enero 2018)

https://muropolitico.mx/2018/01/30/opinion-economica-cdev-capacitacion-a-deportados/

No se olvidan los hechos acontecidos en San Fernando, Tamaulipas en que 72 migrantes centro y sudamericanos perdieron la vida en agosto de 2010, tras haber sido interceptados por un grupo de la delincuencia, y los 183 migrantes mexicanos reportados en 40 fosas comunes, entre los días 15 de marzo al 19 de abril de 2011.

Eventos que sin los extremos presentados en ese año, se siguen afectando a grupos de transmigrantes con secuestros en la frontera, por lo que llama la atención para redoblar esfuerzos y proteger la integridad de estos migrantes.

El Poder Legislativo debe actuar de manera responsable frente a la ciudadanía, y vigilar de manera cercana la actuación, en ejercicio de la función de control en la que reside la esencia de los parlamentos.

La falta de conocimiento de la problemática que aqueja al fenómeno migratorio, obliga a intervenir en favor de los migrantes, adecuando las normas, instituciones, programas y apoyos destinados para su atención, a través de Políticas Públicas adecuadas.

Las detenciones de inmigrantes sin antecedentes criminales se duplicaron desde el 20 de Enero del 2017, que Donald Trump llegó a la presidencia de EUA.

De los 21,362 inmigrantes detenidos entre el 20 de enero y el 13 de marzo de 2017, 5,441 no tenían récord criminal. Eso es, un cuarto del total de arrestos hechos por el Servicio de Inmigración y Aduanas (ICE).

Este dato comparado con las cifras de enero marzo 2016 de Obama, nos muestran que va en serio la duplicación de deportaciones de mexicanos en su gran mayoría sin antecedentes criminales, lo que hace Familias Rotas sin respeto mínimo a los Derechos Humanos.

Trump amenaza con registrar Deportaciones Masivas sin precedentes, que se calculan entre 2 a 3 millones de mexicanos criminales y no criminales en los siguientes dos años.

Otra gran amenaza contra la economía nacional es la esperada caída de Remesas de mexicanos desde EUA, que se constituyen hoy en la segunda entrada de divisas.

Grave ver, al volver a nuestro país nuestros migrantes llegan sin dinero, sin ropa, sin celulares, sin documentos y de noche la mayor parte de las veces, que son puestos a mitad de los puentes y dejados a la deriva, desde las fronteras de Tijuana hasta las de Matamoros en Tamaulipas.

El Instituto Tamaulipeco para Migrante (ITM), tiene dispuestos operativos para recibirlos en sus oficinas, darles documentos provisionales de identificación, un alimento y apoyo de transporte, tanto en oficinas propias como en casas de migrantes.

De Tamaulipas los deportados no tienen registros, solo se calcula que de cada 10 mexicanos 7 son de Tamaulipas, por lo que se estima que serán deportados en los siguientes 2 años, un promedio de hasta 200 mil migrantes de Tamaulipas, en caso que estas redadas se intensifiquen contra indocumentados sean o no criminales (desde una falta de tránsito hasta delitos mayores).

Habrá que reconocer que México y Tamaulipas no están preparados para recibir honradamente a esta población, que "sabe trabajar, tienen capacitación y estudios, hablan inglés, además de gran actitud al trabajo".

No se pueden ofrecer empleos formales y bien remunerados, no hay capacidad para regularizar sus estudios, ya que precisamente se fueron de México por la falta de oportunidades y por la inseguridad.

En tiempos recientes, el ITM a través de instrucciones precisas del gobernador Francisco García Cabeza de Vaca, ha implementado junto con el CONALEP de Tamaulipas, cursos de capacitación de oficios que permitiría a los migrantes deportados reintegrarse a la vida económica y laboral.

Estas señales de apoyo en momentos que se espera se dupliquen las deportaciones de tamaulipecos, permitirá que el Estado y nuestro gobernante revalorar las virtudes que tienen los migrantes para ser reincorporados a la vida activa y productiva.

Se debe ver que nuestros deportados son una diáspora productiva, que más que una carga son una oportunidad para apoyar el desarrollo de la economía interna de Tamaulipas.

RELATO NO. 21. LA MIGRACIÓN DE MÉXICO HACIA EUA (8 Enero 2018)

http://notireytamaulipas.mx/web/la-migracion-de-mexico-hacia-eua/

En los Estados Unidos de América (EUA) la cuestión de la inmigración es especialmente compleja. Actualmente hay alrededor de 29.2 millones de inmigrantes latinoamericanos (Laborde, 2010), que constituyen la segunda más importante minoría de ese país compuesto de múltiples minorías.

Estos inmigrantes provienen: 58.7% de México, 15.1% de América Central, 11.4% de Sudamérica, 10.1% de Cuba y 4.8% de República Dominicana.

El porcentaje de América Central se descompone así: El Salvador 6.4%, Guatemala 3.1%, Nicaragua 2.3%, Honduras 1.5%, Panamá 1.2%, otros 0.7%.

Esta presencia de mexicanos y de descendientes de mexicanos o «hispanos» como los estadunidenses le llaman, influye de manera directa en la composición social de ese país y hace que esta minoría gane espacios en todos los medios de comunicación.

Estos datos los podemos complementar un estudio realizado por el Pew Hispanic Center que dio a conocer en su informe «Mexican-Americans in the United States», 2007. Según el Pew Hispanic Center, la población de origen mexicano que representa, para el año 2007, el 64.3% del total de la población hispana que reside en los Estados Unidos, misma que asciende a 29.2 millones de acuerdo al Census Bureau American Community Surveyla.

Estadísticas sobre migración 2017

Datos más recientes, reconocidos para marzo de 2017, se estima que hay aproximadamente 11 millones de migrantes indocumentados, de los cuales 850 mil son jóvenes en situación de semilegalidad porque han obtenido los que se conoce como DACA.

Las estadísticas de inmigración muestran que hay aproximadamente unos 40.4 millones de inmigrantes en Estados Unidos. Esa cifra de migrantes representa el 13 por ciento del total de la población y convierte al país en el primer destino de migrantes a nivel mundial. (Rodríguez, María, 2017).

Desde el punto de vista histórico, el porcentaje de población nacida en otro país en relación a la nacida en EUA está en su segundo punto más alto, justo por detrás del récord establecido en el periodo 1890-1920 cuando grandes números de inmigrantes europeos llegaron a las costas de Estados Unidos, llegando a alcanzar el 15 por ciento del total de la población.

Los hispanos en Estados Unidos son 57 millones de personas. Es decir, uno de cada 17 residentes del país es de origen latino. Este poderío demográfico se traduce en que son la minoría más grande, por delante de los afroamericanos.

Anualmente aproximadamente un total de 700 mil migrantes se convirtieron en ciudadanos americanos por naturalización.

Los países de origen del que proceden los nuevos americanos son, de mayor a menor: México, Filipinas, India, República Dominicana y China.

Aproximadamente cada año un total de 1 millón personas se convirtieron en residentes permanentes legales. Por país de origen, estos fueron los mayores procedentes de titulares de la green card: 1. México, con 145,326; 2. China, con 78,184; 3. India, con 63,320

4. Filipinas, con 55,441; 5. República Dominicana, con 41,535. De ellos, 478.780 obtuvieron la tarjeta de residencia por ser esposos, hijos 1 o padres de ciudadanos americanos.

Además, 143.998 la consiguieron por razones de trabajo, 40.320 porque ganaron la lotería de visas, 105,520 por ser refugiados, 45,086 por ser asilados y 6,818 porque se le concedió una cancelación de la deportación (Rodríguez, María, 2017).

INDOCUMENTADOS:

Su número se calcula en unos 11.1 millones de personas, de ellas sobre un millón son menores de 18 años. Se considera que el 58 por ciento de ellas son nativas de México.

Una circunstancia que amerita resaltarse es la frecuencia de las familias mixtas, donde los padres son indocumentados y los niños son americanos, ya que se estima que hasta 4.5

millones de menores ciudadanos tienen padres sin papeles migratorios legales.

Se calcula que el 25 por ciento de los indocumentados trabajan en el sector agrícola.

Visas No Inmigrantes:

El número total de visas no inmigrantes emitidas por las embajadas y consulados de los Estados Unidos ronda el total de 9 millones. De ellas, más de cinco millones son visas de turista, un millón más de la combinación de esas visas con tarjetas de cruce de frontera y 450,000 más de visas láser para mexicanos que viven junto a la frontera.

Además, destacan casi medio millón que se emiten a estudiantes y 27,561 a familiares de estos. El tercer número en importancia numérica es para las de intercambio o J-1, de las que se conceden anualmente más de 313,431 más 35,000 para los familiares inmediatos de los participantes en uno de esos programas de intercambio.

El país que recibe un mayor número de visas de turista es México, con más de un millón, seguido por China, Brasil, India, Colombia Venezuela, Rusia y Filipinas (Rodríguez, María, 2017).

DEPORTACIONES:

Según datos disponibles del año fiscal 2015, fueron deportados 235,413 migrantes, lo que significó un decline importante en relación al año 2012, cuando fueron deportados más de 409 mil migrantes.

Análisis del proyecto TRAC de la Universidad de Syracuse, con base en cifras del gobierno federal, precisó además que en los primeros nueve meses del año fiscal 2017 (de octubre de 2016 a junio de 2017), los mexicanos representaron casi la tercera parte de todos los individuos deportados en ese periodo. (TRAC, 2017).

En total, de acuerdo con las cifras, 84 mil 126 personas han sido deportadas en los primeros nueve meses del año fiscal 2017, tras obtener una decisión adversa en su juicio de deportación.

Las otras nacionalidades con mayor número de individuos deportados en el periodo de octubre de 2016 a junio pasado fueron Guatemala (15 mil 715); Honduras (13 mil 598) y El Salvador (11 mil 280).

Mientras tanto, 16 mil 32 mexicanos lograron quedarse en Estados Unidos en lo que va del año fiscal 2017, luego de enfrentar un juicio de deportación, cuyo fallo les resultó favorable.

Un total de 71 mil 259 extranjeros lograron permanecer en este país, tras la decisión de una corte migratoria.

En otra serie de datos, el proyecto TRAC señaló que en el periodo de octubre del año anterior a junio pasado, 37 mil 352 mexicanos fueron referidos a cortes migratorias en Estados Unidos, de un total de 169 mil 507 casos.

En comparación con cifras anteriores, TRAC destacó que en el presente año fiscal, cuyos últimos cinco meses (hasta junio) han correspondido a la administración del presidente Donald Trump, menos mexicanos han sido enviados a juicio de deportación que durante el año fiscal 2016.

Las cifras del gobierno federal apuntan que 52 mil 724 mexicanos enfrentaron juicios de deportación en 2016, de un total de 257 mil 235 extranjeros.

Entre octubre pasado y junio de este año, cuatro mil 150 mexicanos al mes, en promedio, han enfrentado juicios de deportación, frente a los cuatro mil 393 del anterior año fiscal, durante la administración de Barack Obama.

Las fuentes estadísticas norteamericanas más confiables son: El Statistical Year Book del Departamento de Justicia, Executive Office for Immigration Review, para asuntos de Cortes de Inmigración y asilo.

Para datos sobre naturalización, consultar USCIS o DHS. El ICE para datos relacionados con deportaciones.

El Departamento de Estado (DoS, por sus siglas en inglés), sobre visas. El Yearbook of Immigration Statistics para información sobre residencia permanente. Pew Hispanic Institute para datos sobre indocumentados y la comunidad hispana.

RELATO NO. 22. TAMAULIPAS CRECE EN REMESAS PRODUCTIVAS (5 Enero 2018)

https://muropolitico.mx/2018/01/05/opinion-economica-tamaulipas-crece-en-remesas-productivas/

México y Tamaulipas, han tenido un aumento exponencial en aumentos de Remesas individuales y colectivas, al grado que en fechas recientes estas divisas ya superan las entradas del petróleo, agropecuarias, turismo, maquiladoras, y sólo abajo de las divisas ocasionadas por el sector automotriz.

Este año 2017, las Remesas se esperan superen los 28.5 mil millones de dólares (mdd) a nivel nacional, y los 700 mdd para el Estado de Tamaulipas. Con ello Tamaulipas ocupa ya el lugar número 13 de los estados que más remesas recibe. Cerca de Estados tradicionales como Hidalgo y Zacatecas.

En Tamaulipas, apenas en el año 1995 se recibían 47 mdd de Remesas, pasando en sólo 12 años a 517 mdd en 2007. Significa que nuestro Estado de multiplicó en 11 veces las remesas en ese corto tiempo.

A nivel nacional, se pasó de 3,673 mdd en 1995, a 26,050 en 2007, por lo que se aumentó sólo 7 veces en ese mismo periodo, mostrando que Tamaulipas se apuntó en sólo 12 años como un Estado emigrante y remitente de braceros.

Esto se explica, debido que Tamaulipas en 1995 sólo registraba 160 mil paisanos residiendo legal e ilegalmente en los Estados Unidos; para la década del 2000 ya registra 350 mil emigrantes y en 2017, se calcula que ya residen más de 500 mil tamaulipecos en EUA. Significa que en solo 20 años en el Estado, se triplicó la emigración hacia EUA.

Las Remesas de Tamaulipas, superaron incluso la barrera de los 800 mdd en los años 2014 y 2015, cerrando en 656 mdd en 2016; y se espera superar los 700 mdd este año 2017.

USO DE REMESAS PRODUCTIVAS:

(...) En México existen `Tendencias Institucionales´ encabezadas por dependencias e instituciones como SEDESOL, SAGARPA, FIRCO y el Instituto de Mexicanos en el Exterior (IME) entre otros, que buscan contribuir con las organizaciones de migrantes para constituirse en agentes de cambio.

Estas dependencias hacen esfuerzos para crear inversión mediante proyectos productivos financiados con recursos convergentes para incentivar la actividad económica que permita generación de empleos y mejorar el ingreso.

La fundamentación de estas conclusiones, se dan al revisar las actividades de opciones productivas que se han desarrollado en Tula a través de las instituciones como SEDESOL, SAGARPA, Secretaría del Empleo, SECTUR y Fondo Tamaulipas.

Comprobándose que el ingrediente que se requiere para optimizar el uso efectivo de las remesas colectivas para actividades productivas, es el acompañamiento y capacitación formal de las instituciones públicas, siempre y cuando respeten las decisiones de los migrantes y no se aprovechen de las remesas para activar acciones de gobierno y obra pública que es responsabilidad exclusiva de municipios, estado y federación.

En el caso del programa 3×1 de la Sedesol, se debe fortalecer la toma de decisiones para que los clubes de migrantes seleccionen y operen los proyectos productivos (PPFP), fomentar los lazos comunitarios y encaminar las acciones para lograr el bien común mediante la pluralidad, dado que es un programa que busca apoyar las iniciativas de los migrantes.

El modelo requiere sensibilizar a la gente que trabaja en campo, para evitar incurrir en actitudes paternalistas y que se promuevan buenas prácticas.

Con ello, podrían garantizarse mejores resultados de los programas con relación a temas como rendición de cuentas, participación ciudadana y desarrollo comunitario.

La SEDESOL puede aprovechar la experiencia de sus operadores en campo y asesorarse con una institución académica como la Universidad Autónoma de Tamaulipas, para integrar un modelo viable de poner en marcha.

De acuerdo a las recomendaciones que propone la Universidad Autónoma Metropolitana en la evaluación (2012) del programa 3×1, se concluye que:

… Para esta tarea resulta importante capacitar y sensibilizar al personal tanto de la SEDESOL como de los Ayuntamientos para evitar posturas jerárquicas y paternalistas. Las propuestas se aprobarían por todos y conllevarían objetivos claros para garantizar la transparencia.

Los análisis de involucrados y de problemas, ayudarían en el trabajo con las comunidades. De las sesiones de participación se establecerían compromisos y responsabilidades que anularían las posteriores negociaciones en las que se pierde tiempo, objetivos y que pueden incurrir en falta de transparencia.

Bajo este esquema, creemos que la comunidad desarrollaría capacidades y se apropiaría de los proyectos, ya que surgirían de la selección democrática mediante previos talleres de trabajo" (Universidad Autónoma Metropolitana, 2012).

Por lo anterior, se concluye que incentivar proyectos productivos con remesas colectivas a través de las citadas `tendencias institucionales´, sería la parte más amplia del codesarrollo que cuenta el programa 3×1 (PPC) y su vertiente 1×1 (PPFP), para lograr un despegue y mejor aprovechamiento de las remesas de Tamaulipas y de Tula, que representan la segunda entrada de divisas y prometen seguir llegando a la entidad.

No se puede detener el pasado fracaso de las instituciones que no fomentaron condiciones adecuadas de vida y empleos para retener a nuestros migrantes, pero si se pueden aminorar las presiones migratorias a futuro en base a la cogestión racional y efectiva de estos programas comunitarios que dan valor agregado a las aportaciones de nuestros migrantes. (Fuente: parte de conclusiones de capítulo de Jorge Lera & Et Al, Tendencias institucionales de las Remesas Productivas. UAT/ Plaza y Valdes. 2016).

RELATO NO. 23. REMESAS DE MEXICANOS SALVAN ECONOMÍA (3 Enero 2018)

https://muropolitico.mx/2018/01/03/opinion-economica-remesas-mexicanos-salvan-economia/

Entre enero y noviembre de 2017, las remesas de los mexicanos sumaron 26 mil 167 millones de dólares, un monto histórico para los primeros 11 meses de un año, con un incremento de 6.15 por ciento respecto al mismo periodo de 2016.

El Banco de México (Banxico) informó que en noviembre pasado ingresaron al país dos mil 258.5 millones de dólares por concepto de remesas familiares, aunque resultó menor en 4.7 por ciento respecto al penúltimo mes de 2016.

Grupo Financiero Banorte considera que el flujo de remesas familiares en noviembre se explica por factores como la apreciación que presentó el peso mexicano respecto a los niveles observados en octubre pasado.

Además, por un efecto de base de comparación, pues las remesas registraron un fuerte incremento de 25.1 por ciento anual en noviembre de 2016, después del resultado electoral a la presidencia en Estados Unidos, donde triunfó Donald Trump.

El banco central señaló que en los primeros 11 meses del año se efectuaron 85.02 millones de operaciones, 1.85 por ciento más que en igual periodo de 2016, con un monto promedio de 308 dólares por remesa, superior en 4.22 por ciento a tasa anual.

En noviembre se realizaron 7.2 millones de operaciones, 1.9 por ciento más que en igual mes de 2016, con un monto promedio por remesa de 309 dólares, monto menor en 3.1 por ciento anual. (Fuente: Banco de México).

De acuerdo con expertos en economía, en lo que va del año las remesas superan los ingresos en las exportaciones petroleras, por 18 mil 500 millones de dólares, y los ingresos por turismo, de 15 mil 954 millones de dólares y de inversión extranjera directa, por 21 mil 755 millones, aunque estas dos últimas son al tercer trimestre.

Por otra parte, de acuerdo al último Reporte del Banco Mundial:

México, en particular, alcanzaría al cierre del año 2017, un récord de 31 mil millones de dólares, según el reporte del BM.

La expansión económica en Rusia, Europa y Estados Unidos permitirá que los inmigrantes y sus familias envíen cantidades cada vez mayores de dinero a África subsahariana, Europa, Asia Central, América Latina y el Caribe, indicó el estudio elaborado por Dilip Ratha, autor principal del informe sobre migración y desarrollo del BM.

"Esto es particularmente cierto después de desastres naturales, como los recientes terremotos en México y las tormentas devastadoras en el Caribe".

Pero el costo de mandar dinero a casa sigue siendo alto. Enviar 200 dólares costaba un 7.2% en promedio en el tercer trimestre de este año, muy por encima de la meta del 3% de los Objetivos de Desarrollo Sostenible acordados por la ONU en 2015, según el informe. Ratha instó a los países a reducir los costos asociados con las remesas.

En 2017, además del récord de remesas que se espera en México, India se encamina a convertirse en el principal receptor en 2017, con 65 mil millones de dólares; seguido por China,

con 61 mil millones; y Filipinas, con 33 mil millones. Muy cerca
México con 31 mil millones de dólares.

El Banco Mundial prevé que las remesas dirigidas a países de
ingresos bajos y medianos aumentarán un 3.5% el próximo
año. (Fuente: Reporte Banco Mundial. Dic. 2017).

En el caso del Estado de Tamaulipas, después de dos años
(2014 y 2015) de rebasar recepción de más de 800 millones
de dólares en Remesas, las recibidas en 2016 cerraron en
653.6 millones de dólares, sin embargo de espera que el
cierre del 2017 éstas superen los 700 millones para acercarse
nuevamente a la cifra récord de los 800 mdd.

Los siete poblados rurales tamaulipecos (con menos de 40
mil habitantes) que más recepción de remesas en 2017 son:
Mante (9.7 mdd); Tula (4.5 mdd); Valle Hermoso (3.6 mdd);
González (2,7 mdd); San Fernando (2.6 mdd); Ocampo 1.3
mdd); Aldama.

Las siete ciudades grandes (zonas urbanas) con mayor
recepción de remesas son: Reynosa (20.8 mdd); Matamoros
(19.7 mdd); Nuevo Laredo (16.1 mdd); Ciudad Victoria (14.7
mdd), Tampico, Madero y Altamira. (Fuente: Jorge Lera. Muro
Politico. Sep. 2017).

RELATO NO. 24. FGCV Y EL DÍA DEL MIGRANTE EN TAMAULIPAS (18 Diciembre 2017)

http://www.hoytamaulipas.net/notas/323729/FGCV-y-el-Dia-del-Migrante-en-Tamaulipas.html

En Tamaulipas ya se cumplen 12 meses sufriendo y tolerando los desplantes intimidatorios y discriminadores, del Gobierno de Donald Trump, en relación con los desplazamientos de repatriados y deportados mexicanos y centroamericanos.

Si bien el número de deportaciones no se ha disparado, con respecto a las estadísticas de los mismos atendidos por el Gobierno pasado de Barack Obama, lo que ha crecido es el mal trato de los deportados, y la falta de información sobre los casos de deportados con antecedentes criminales.

Afirmo lo anterior, este lunes 18 de diciembre que por disposición de la ONU se celebra el "Día Internacional del Migrante".

Al respecto, el Director General de la Organización Internacional para las Migraciones (OIM), William Lacy Swing, considera que la falta de una migración mundial segura conduce a redes de contrabando, traficantes de personas y esclavizadores modernos, que ejercen su actividad con "total impunidad".

Bajo el título "Migración Segura en un Mundo en Movimiento Constante", el titular de la OIM consideró que el derecho de todo ser humano debía ser la migración segura en cualquier parte del mundo, sin poner en riesgo su integridad personal o la vida.

Sin embargo, en EUA se siguen preparando para una oleada mayor de deportados por el gobierno de Trump, para ello ha adoptado un estándar mucho más estricto para el cumplimiento de las leyes migratorias, aumentando la cantidad de migrantes considerados prioritarios para la deportación y prometiendo contratar a 10,000 agentes más de aduanas y migración (ICE por sus siglas en inglés).

Los arrestos de alto perfil, incluyendo los de padres esposados en frente de sus hijos, han provocado terror en las comunidades de migrantes, y los medios mexicanos han seguido de cerca cada uno de estos casos.

Muchos migrantes deportados caen en un vacío al regresar, pues carecen de conexiones, antecedentes laborales, hogar y documentos. A menudo enfrentan el estigma social.

Un programa del gobierno federal, llamado "Somos mexicanos", ofrece vincular a los deportados con servicios públicos y bolsas de trabajo, pero los activistas afirman que su alcance es limitado.

Tanto la sociedad mexicana como el gobierno según opina Claudia Masferrer, experta en migración de El Colegio de México. "México carece de una política de reinserción".

Pasan todas estas peripecias, cuando acá por nuestras tierras fronterizas, el Gobierno de Francisco García Cabeza de Vaca, instruye para aminorar los problemas y multiplicar los apoyos a estos sufridos migrantes mexicanos y centroamericanos deportados por nuestros puentes.

Así trabajando de la mano el Instituto Tamaulipeco para el Migrante (ITM) y las Casas de Migrantes, este lunes 18 que se celebra el "Día Internacional de Ellos", nuestros hermanos deportados, se llevaron a cabo varios eventos para no pasar desapercibido este simbólico día.

El Licenciado Jose Carmona, Director del ITM desde Nuevo Laredo, hoy celebró el Día Internacional del Migrante, junto al

Padre Geovanny Bizzotto de la Casa del Migrante Nazareth. Para ello, realizaron una rueda de prensa, donde dieron lectura del mensaje del Secretario General de la ONU sobre el tema de la migración.

El Padre Bizzotto informó que estará hasta el día jueves 21 de Diciembre y será removido a la Cd. de Chicago Illinois, lamentable noticia ante la gran presencia de este líder y altruista personaje.

Parte del mensaje que fue leído por el Licenciado Carmona, informaba que "El año pasado, los dirigentes mundiales se comprometieron a concertar un pacto mundial para una migración segura, ordenada y regular en el 2018. Por lo que para seguir avanzando, comprometámonos a conseguir que la migración redunde en beneficio de todos".

En fin. Así pasó Tamaulipas este día del Migrante, que fue coronado por un emotivo convivio, donde junto integrantes del Instituto de la Mujer, la Casa Nazareth y el ITM, se ofreció tamales, pozole y bebidas calientes que fueron degustados por los migrantes, que en este día son atendidos por las instituciones citadas... ¡Enhorabuena!

RELATO NO. 25. FGCV PASAR DE RECEPCIÓN A REINSERCIÓN DE DEPORTADOS (13 Diciembre 2017)

http://www.hoytamaulipas.net/notas/323260/FGCV-pasar-de-recepcion-a-reinsercion-de-deportados.html

Ante las dificultades que el Gobierno de Estados Unidos, a cargo del presidente xenófobo Donald Trump, ha venido presentado contra la Agenda Migrante de México y Tamaulipas, debemos pasar a una segunda etapa de atención del problema.

Segunda etapa que dé prioridad a la reinserción del migrante deportado, y no sólo la buena recepción. Como se hace hasta ahora. Obviamente respetando las actuales acciones que muy acertadamente atiende el Estado por medio del Instituto Tamaulipeco para el Migrante (ITM).

Se deben promover políticas públicas que den prioridad a las políticas de reinserción del deportado, con proyectos productivos con autoempleos, pasando a un segundo plano, sin dejar de atender, a la problemática de atención de transmigrantes, deportados mexicanos y repatriados centroamericanos.

¿Cómo se aterrizan estas políticas requeridas?

Primero que nada, requerimos un cambio de canal. El Instituto del Migrante por ahora atiende en forma reactiva a los deportados dando aun estos, salvoconducto, pasaje de bus subsidiado, hospedaje y alimentos: cama si se atraviesa la noche en casas del migrante religiosas.

Nadie, por ahora, atiende la Reinserción del migrante deportado o repatriado, incluso del migrante con antecedentes penales. Acción que resuelva de inmediato las prontas necesidades, por ejemplo: de vivienda, vestido, alimentación, salud, educación y trabajo.

Una prioridad sería que se dispongan de programas que asesoren o motiven acciones de emprendimiento, de autoempleo. No sólo que generen ingresos propios por medio de micronegocios o de actividades manuales productivas. Adicionalmente deben generar empleos directos e indirectos.

Acciones con sinergias productivas. Esta es la verdadera esencia de una Política Positivista de Reinserción y de Resiliencia.

El programa de apoyo al migrante 3x1 de la SEDESOL, se volvió más bien un programa que sustituye parte de las responsabilidades de los municipios pobres, apoyando a través los envíos de aportaciones de cada peso por los clubes de migrantes, junto los apoyos de un peso por el Municipio, un peso del Estado y otro peso de la Federación, para hacer obras comunitarias y no productivas.

Un aspecto importante que debemos tomar en cuenta, como punto de partida para diseñar una política sería de Reinserción social y laboral del migrante deportado, es definir la postura del propio deportado, no sólo suponer de parte de los gobiernos lo que se cree sean sus gustos y prioridades.

A esto se le llama la "teoría de autogestión", autónoma y respetable, la postura del propio migrante deportado. Posterior sería una política de "cogestión", donde se involucra voluntariamente el apoyo de instituciones públicas y civiles, no gubernamentales. Así se diseña el codesarrollo sustentable.

Una postura teórica seria, la presenta por ejemplo, la llamada "Nueva Economía de la Migración Laboral" (NEML), la cual supone que, si bien no se trata de un fracaso de los individuos que tomaron la decisión de migrar, ni de una falla en el cálculo realizado sobre su capital humano, el "retorno voluntario o involuntario" se explica, por el contrario, como la conclusión de las metas económicas que el migrante -conjuntamente con los demás miembros de su familia- había construido y valorado en el momento en el que se tomó la decisión de la emigración de uno los miembros de la familia.

El investigador Stark, considera que, el retorno es justamente un resultado natural del cálculo realizado al emprender el desplazamiento, lo que implica un resultado exitoso de su proyecto; es decir, supone que la conclusión del proceso indica que el migrante por un lado, ha realizado ahorros, y por el otro, que ha enviado recursos a su familia en el transcurso de su estancia migratoria.

Los dos aspectos anteriores, contribuyen tanto a diversificar las fuentes de ingreso del hogar, como a inyectar dinamismo en la economía local del país de origen y de destino.

En esa línea de reflexión, Taylor sugiere que, al retorno no sólo se han consumado las metas del migrante y su familia, sino que este individuo que toma la decisión de regresar ha adquirido habilidades y conocimiento que puede potenciar en su lugar de nueva inserción y tal consideración podría aumentar las probabilidades del retorno mismo.

Un ejemplo exitoso de políticas de retorno y reinserción desde las Organizaciones de la Sociedad Civil, se cita por la Fundación Mexicanos y Americanos Todos Trabajando (MATT), dirigida por Aracely García-Granados, la cual señala que es urgente que el gobierno mexicano, las organizaciones de la sociedad civil y la iniciativa privada colaboren conjuntamente para generar espacios laborales y medidas que faciliten el retorno y la reinserción de los migrantes.

García-Granados explica que la fundación se coordina en Estados Unidos con las autoridades locales y federales para atender a los migrantes y proponer programas y políticas públicas que beneficien a esta población.

En México trabajamos con la población migrante en retorno con la idea de que encuentren oportunidades de integración laboral en sus zonas de origen.

Nuestro interés es que tanto el gobierno mexicano como la iniciativa privada reconozcan el expertise y las competencias laborales que han adquirido los migrantes en retorno durante su estancia en Estados Unidos y, con base en ello, puedan incorporarse a la fuerza laboral en México dentro de la iniciativa privada.

En suma, buscamos que el talento que regresa a México cuente con opciones laborales bien remuneradas y contribuya a detonar el desarrollo regional.

De eso se trata nuestro programa Yo soy México, a través del cual hemos atendido a 200,000 migrantes en repatriación, 60,000 de los cuales hemos logrado poner en contacto con los empleadores adecuados en su lugar de origen, gracias a trabajo de vinculación.

El 50% de los migrantes regresan a México por su propia voluntad, por nostalgia, y en algunos casos, traen consigo ahorros destinados a invertir en sus localidades de origen, pero en muchos casos no encuentran apoyo por parte de las autoridades que los acerque a los programas institucionales.

Entre el 2005 y el 2016, regresaron a México alrededor de 1 millón 400 mil personas.

Entre los migrantes en retorno 22% mostró interés en que se le apoyara para conseguir trabajo en México o iniciar su propio negocio.

Respecto a las políticas de migración en retorno, advierte:
El problema que nosotros observamos es que el gobierno
mexicano ha disminuido sensiblemente los recursos para ello
en el 2017.

En el Presupuesto de Egresos de la Federación, el rubro 23
destinado al apoyo de los mexicanos que desean regresar
carece de presupuesto asignado. Los migrantes en retorno son
prácticamente invisibles para el gobierno federal.

Por último, existe por parte del Estado mexicano, un estudio
serio que se puede rescatar, sobre la política de retorno y
reinserción aquí propuesta para diseñar en Tamaulipas.

(...) En el marco del Proyecto de Fortalecimiento del Diálogo
y la Cooperación entre la Unión Europea y América Latina
y el Caribe (UE-ALC), y en coordinación con la Fundación
Internacional y para Iberoamérica de Administración y Políticas
Públicas (FIIAPP), la Unidad de Política Migratoria de la
Secretaria de Gobernación, impulsó el estudio "Migración y
empleo. Reinserción de los migrantes de retorno al mercado
laboral nacional mexicano".

El estudio aporta elementos para el diseño de intervenciones
públicas para promover el aprovechamiento de las habilidades
y competencias de los migrantes de retorno. Los resultados de
la investigación se encuentran en Línea (...)

RELATO NO. 26. MIGRANTES Y SU PARTICIPACIÓN ELECTORAL (12 Diciembre 2017)

http://elreportero.mx/?p=9097

Ayer publicaba parte de una ponencia que publiqué en el reciente Congreso Internacional Eumed sobre Migración y Desarrollo en octubre de 2017. Hoy extiendo parte de la síntesis de ayer abordando el tema de los derechos políticos de los migrantes mexicanos y tamaulipecos, ahora Resumiendo la experiencia de los mismos en cuanto la participación electoral desde el llamado Voto desde el Extranjero, derecho que tienen los migrantes con muy poca experiencia dada las recientes Reformas Electorales.

El voto de los mexicanos residentes en el extranjero:

Desde la Ley Federal de Organizaciones Políticas y Procesos Electorales (LFOPPE) en 1977, la cuestión del voto de los mexicanos en el extranjero pasó sin pena ni gloria durante las décadas de los 70 y 80, y no es hasta la elección de 1988, en combinación con el crecimiento de mexicanos en Estados Unidos que los migrantes incidieron y mostraron tal activismo político, para que en la década de los 90 y a mediados de la década siguiente, varios sectores sociales y políticos exigieran la incorporación de los migrantes a la agenda legislativa electoral.

Destaca la reforma de 1996 sobre la no pérdida de la nacionalidad mexicana, y en 2005 la reforma para el voto de mexicanos residentes en el extranjero.

A esto, pronto se agregó el creciente interés de los partidos políticos por considerar a los migrantes como activos importantes en los procesos electorales, reconociendo la relevancia política para sus lugares de origen, así como entre la comunidad transnacional.

En el mismo sentido, podemos agregar el papel de los medios de comunicación con presencia Latina en Estados Unidos, quienes han tenido una función sobresaliente en la opinión pública de los migrantes en cuanto a los acontecimientos político-electorales.

Después de las elecciones federales de 2000, varios partidos políticos canalizaron por la vía institucional la reforma legislativa en materia electoral para otorgar el voto a los mexicanos en el exterior.

La experiencia del voto migrante en 2005-2016:

GRÁFICA QUE MUESTRA DIVERSIDAD DE RAZAS MIGRANTES QUE HABITAN EN EUA

Apenas en 1996 hubo cambios en la Constitución para que el mexicano pudiera votar sin importar la residencia; para el proceso electoral del 2005-2006 se promovió el voto extra territorial, pero solamente 32 mil 600 migrantes votaron, muchos de ellos no lo hicieron por no tener credencial vigente (solamente eran emitidas en México) y por miedo a ser detectados por migración al momento que les llegaran a sus domicilios los paquetes electorales (Andrade, 2017).

Tanto en la federación como en las entidades, el voto migrante no ha dejado buenos resultados, durante las elecciones de este año 2017 en el Estado de México, solamente 297 mexiquenses emitieron su voto; en Zacatecas durante el 2016 votaron 80 residentes en el extranjero; y en la Ciudad de México, 7 mil 915 eligieron a su jefe de gobierno en 2012.

Aunque para el migrante mexicano en Estados Unidos no sea prioritario el voto, el consejero presidente del INE, Lorenzo Córdova, recalcó que su papel es hacer cumplir su derecho.

"Los migrantes no rompen con sus países de origen. Salen a buscar lo que su estado o su país desafortunadamente no pueden ofrecerles. De ahí la importancia de que las instituciones de garantía contribuyamos de manera permanente y no sólo durante los procesos electorales, a la creación de condiciones para que nuestros migrantes puedan ejercer sus derechos sin importar el lugar en el que residen", dijo Córdova durante la clausura del foro La Diáspora Mexicana y el Voto de los Mexicanos Residentes en Estados Unidos. (Andrade, 2017).

Durante las pasadas elecciones presidenciales de México, solo el 1 por ciento de mexicanos radicados en Estados Unidos emitió su voto. Es decir que, en el 2012, solo 40 mil connacionales votaron.

La cifra resulta menor si se toma en cuenta que en Estados Unidos viven alrededor de 33.6 millones de personas de origen mexicano, incluidos 11.6 millones que nacieron en México, según información de la Oficina del Censo estadounidense.

Este abstencionismo, según expertos, se debe a que los migrantes tienen poco conocimiento del tema, temen ser deportados o simplemente no está entre sus prioridades elegir a sus representantes.

Campaña del voto ausente:

La campaña a favor del voto ausente duró ocho años e incluyó la participación de mexicanos residentes en Estados Unidos (la mayor parte de ellos inmigrantes de primera generación) y sus organizaciones, quienes se dieron a la tarea de persuadir a legisladores y a dos presidentes mexicanos (Zedillo y Fox) de implementar leyes que reconocieran el derecho al voto ausente.

Entre 1998 y 2006, estos grupos participaron en una serie de actividades con el objeto de influir en los procesos políticos mexicanos; la coalición por los derechos políticos de los Mexicanos (CDPME) se encontraba a la cabeza de las diversas organizaciones involucradas a nivel nacional.

Fundada por inmigrantes mexicanos en 2001, la CDPME se convirtió en una coalición virtual de transnacionalistas a favor de voto ausente.

A mediados de la década del 2000 contaba con casi 400 afiliados individuales y 68 líderes de organizaciones sociales provenientes de 19 estados estadounidenses como California, Illinois, Texas y Arizona, además de una docena de simpatizantes en México (PRO, 2003, 2006).

La mayor parte de los afiliados eran activistas comunitarios y laborales o líderes de HTAS y federaciones, pero también se contaba con empresarios, profesionales, periodistas y académicos.

Independientemente del lugar de origen de sus miembros, a partir de 1998 se crearon una serie de organizaciones específicamente dedicadas a la campaña por el voto ausente.

Entre ellas se incluyen la coalición de Mexicanos en el exterior Nuestro voto 2000; la coalición internacional de Mexicanos en el exterior (CIME), con miembros en Texas, Chicago, Nueva York y Nueva Jersey; el consejo electoral Mexicano del medio oeste; el comité nacional Pro voto México 2000; la campaña nacional por el voto Ausente; migrantes Mexicanos por el cambio (MIMEXCA), fundada por líderes empresariales en California en 1998, y la organización de Mexicanos en el exterior (OEM), fundada en 2003.

El Instituto de Mexicanos en el Exterior (IME) es una oficina para asuntos relacionados con los migrantes dentro de la Secretaría de Relaciones Exteriores, fue creado en 2002 por el presidente Fox.

RELATO NO. 27. ROSAS, FGCV Y ATENCIÓN A MIGRANTES (16 Diciembre 2017)

http://laluzdetamaulipas.mx/2017/12/06/rosas-fgcv-atencion-migrantes/

Este lunes 4 de diciembre, en las oficinas del Comité Directivo Estatal del Partido Acción Nacional (PAN), el asesor en Comercio Exterior del gobernador Francisco García Cabeza de Vaca, Salvador Rosas, recibió de manos del Presidente del PAN, Kiko Elizondo, nombramiento como Coordinador Estatal de Apoyo al Migrante. Es importante conocer la forma como este tipo de cargos honoríficos, pueden ser útiles para la comunidad migrante tamaulipeca, por ello por la mañana de este martes 5 de diciembre, entrevisté al nuevo dirigente partidista.

La primer pregunta fue indagar del entrevistado, ¿cuál será la labor con respecto a una comunidad migrante tamaulipeca, que en los últimos 10 años pasó de ser menor a 250 mil personas y hoy rebasa 500 mil tamaulipecos residiendo legal e ilegalmente en EUA?.

**GRÁFICA DE LA ENTREVISTA DE JORGE LERA
CON SALVADOR ROSAS EN RESTAURANTE DEL
HOTEL STAY DE CD. VICTORIA TAMAULIIPAS**

Fuente: Fotografía propia tomada con celular Samsung.

Chava Rosas, como se le conoce en su ciudad natal Nuevo Laredo, responde que para él es un tema que no le es desconocido, dado que el mismo es migrante tamaulipeco contando con la doble nacionalidad, y que desde hace mucho tiempo reside entre Laredo Texas y Nuevo Laredo Tamaulipas.

Confiesa que cuando fue Diputado Local por el Distrito de Nuevo Laredo, en la pasada Legislatura Local, promovió desde la Comisión Migratoria, las relaciones y programas con las comunidades de migrantes de Tamaulipas en Texas y resto de EUA.

Esa labor de más de 10 años de trabajos, tuvo la respuesta de conformar la Comisión Nacional de Legisladores Migrantes

(Conalym), celebrando reuniones tanto en Chicago, Laredo en EUA, así como en Veracruz, CdMx, Tijuana y Nuevo León en México.

A través de esa organización, se llevaron a cabo diversos planteamientos a favor de la comunidad migrante que reside legal e ilegalmente en EUA. Tomando en cuenta las diversas opiniones de legisladores federales y locales, como de los más importantes líderes migrantes individuales, como de clubes y federaciones.

Ante esas experiencias le cuestiono su opinión sobre ¿La actual atención que realiza el Gobierno de FGCV para resolver la problemática de migrantes tanto de Tamaulipas, resto de México y Centroamérica?

El Asesor del Gobernador y reconocido Agente Aduanal, responde que desde la oficina matriz en Nuevo Laredo, del llamado Instituto Tamaulipeco de Apoyo al Migrante (ITAM), el Gobierno de FGCV opera y ejecuta eficientemente una labor humanitaria asistiendo a los migrantes nacionales y extranjeros que pasan hacia su sueño de trabajar en los EUA, pero principalmente apoyan a los migrantes indocumentados, que por desgracia están siendo deportados o repatriados por los puentes fronterizos de Nuevo Laredo, Reynosa y Matamoros, donde el ITAM dispone de oficinas y personal de Apoyo donde asisten a los migrantes con asesoría legal, documentos de respaldo legal, disposición de transporte para retorno al centro del país, así como dormitorios y alimentación a través de las casas del migrante.

Un hecho sobresaliente que el dirigente afirma que tendrá como prioritario, es velar desde su trinchera para salvaguardar los derechos humanos de los migrantes de paso y retorno, vigilando estrechamente las labores del resto de autoridades como son el Instituto Nacional Migración, policías estatales y federales, grupo de policías migratorias, etc. Ante las quejas que los migrantes como los propios paisanos que vienen de visita a sus familiares, que constantemente son extorsionados.

Comenta que es prioridad del Gobierno de CdeV que sean atendidos como mexicanos de excepción. Además estudiará con autoridades municipales y secretarías de Desarrollo Rural y Económico, proyectos prioritarios productivos para encontrar opciones a los migrantes deportados y cuenten con nuevos modos de vida y trabajo con autoempleo y emprendedores.

Es menester vigilar que programas como el de Sedesol 3×1 se aprovechen en acciones productivas, y no sólo como hasta ahora que suplen Acciones que son responsabilidad del municipio, como son obras comunitarias. Ya que el 3×1 es operado gracias a las aportaciones de los clubes de migrantes.

Finalmente, hablo de coordinarse con la oficina de representación de Tamaulipas en San Antonio, Texas, buscando operar actividades en bien de las comunidades de tamaulipecos en Texas, promoviendo futuras Ferias de Servicios, para facilitar el otorgamiento de actas de nacimiento, licencias de conducir, asesorías legales, etc.

Con la opinión del director del ITM, José Carmona, que estuvo de testigo en la entrevista, cerró su opinión diciendo que: (…) Salvador Rosas, tendrá ahora la importante labor de abrir los espacios en la vida política del Estado, a todos aquellos líderes migrantes, que bajo las siglas del PAN pudieran ser candidatos a puestos de elección popular, ver lo del voto del exterior y agregar en el discurso político de campaña compromisos con la comunidad migrante dentro y fuera del Estado de Tamaulipas. En pocas palabras los migrantes no pudieron elegir a mejor interlocutor. Enhorabuena, tanto para nuestros migrantes y paisanos residentes en el exterior (…) Fin de comentarios.

RELATO NO. 28. FGCV: MIGRACION "CERO" Y EFECTO EN REMESAS (2 Diciembre 2017)

http://elreportero.mx/?p=8458

La migración mexicana hacia Estados Unidos se mantiene en una fase de "migración neta cero", lo que implica que el número de compatriotas que llega al país vecino es similar al que regresa en México.

Dicha situación significa que el número de compatriotas que llega a EU es similar al que retorna a México, cifras que ascienden entre 2007 y 2015 a cerca de 2 millones de migrantes mexicanos retornados y a más de 2.4 millones de deportados de ese país. Esto implica al menos 4.4 millones de emigrantes mexicanos al vecino país del norte en ese mismo periodo.

México ocupa el segundo lugar con más migrantes en el mundo con 12.3 millones, superado solo por India. Cerca del 98%, equivalente a 12 millones, residen en Estados Unidos y en 2016, 5.6 millones no tenían documentos de residencia legal en el país vecino.

Según cifras de la Secretaria de Gobernación, de enero a septiembre del 2017 han sido repatriados a nuestro país 119 mil 710 mexicanos.

Entre el 1 de enero y el 31 de julio, la patrulla fronteriza estadounidense detuvo a 126,472 personas en el límite sur del país, lo cual supone una disminución de 46% con relación a igual período de 2016, dijo un funcionario del Departamento de Seguridad Interior (DHS).

EL CASO TAMAULIPAS

La llamada Migración en Transito de mexicanos en la frontera con Estados Unidos va en aumento y pone en alerta a las autoridades.

El número de personas que llegan a la frontera con la intención de cruzar a los Estados Unidos de forma ilegal crece, pero muchos de ellos deciden quedarse en la línea divisora, sin contar con programas de apoyo por parte de los gobiernos, ya que carecen de un documento de deportación que los incluya en los programas federales de apoyo a migrantes.

Se dio una alza de la migración en tránsito, de acuerdo a información que ha llegado de las casa del migrante, de los centros de atención. Se ha observado que en estas últimas semanas tenemos la llegada de migrantes en tránsito, la mayoría mexicanos", dijo el director del Instituto Tamaulipeco para los Migrantes, José Carmona.

El funcionario agregó que tienen cifras alentadoras de que la comunidad de mexicanos migrantes ha desistido de intentar cruzar a los Estados Unidos.

En tanto, el Instituto Tamaulipeco del Migrante busca la forma de destinar parte de los recursos federales etiquetados, para el apoyo de migrantes en tránsito que desistieron cruzar la frontera y otorgarles alguna ayuda en esta temporada de fin de año.

El gobernador del estado de Tamaulipas, Francisco García Cabeza de Vaca, está buscando la manera de asistir al migrante de tránsito, al migrante nacional, que no cruza a los Estados Unidos y que no posee una carta de entrada al país que es con la que tiene derecho a muchos programas", reiteró Carmona. Fuente: El Excelsior Nov. 2017.

CRECE MUERTES EN CRUCES DE FRONTERA

La Organización Internacional de Migración (OIM) informó que 232 migrantes murieron en la ruta los primeros 6 meses de 2017, frente a las 204 del mismo lapso del año anterior.

El aumento se dio aunque las detenciones de migrantes indocumentados realizadas por la patrulla fronteriza de Estados Unidos han caído casi a la mitad en lo que va de 2017, a poco más de 140 mil.

La OIM agregó que las autoridades encontraron por lo menos 50 cadáveres en julio, entre ellos 10 de una fallida operación de contrabando de migrantes en un camión abandonado en San Antonio, Texas.

El organismo con sede en Ginebra agregó que no se puede explicar por completo el alza del número.

Asimismo no se hizo referencia a los esfuerzos del Presidente Donald Trump para implementar controles más estrictos en las fronteras, pero citaron factores como las altas temperaturas y el aumento en las aguas del río Bravo. Fuente: cntamaulipas. Ago. 2017.

DECRECEN REMESAS EN TAMAULIPAS

Por las recientes tendencias de la ahora llamada "Migracion cero"; El regreso de tamaulipecos a sus lugares de origen y que habían migrado hacia Estados Unidos, ha propiciado la reducción en las remesas hacia nuestro estado, señaló Jorge Lera Mejía. "Luego de que nuestro estado llegó a tener un envío de recursos de trabajadores desde Estados Unidos que ascendía a los 800 millones de dólares al año, ahora, al cierre del 2017 se calcula que la cifra será de entre los 650 a los 700 millones de dólares", señaló.

Dijo que, debido a problemas como la falta de recursos para continuar viviendo en el vecino país del norte, algunos empresarios, o personas que buscan una oportunidad de trabajo en los Estados Unidos, han estado regresando a nuestro país y volviendo a sus lugares de origen, señaló el economista y catedrático de la Universidad Autónoma de Tamaulipas.

Refirió que los más de 800 millones de dólares que llegaban vía remesas al Estado, representaban fácilmente el triple de la inversión directa extranjera en Tamaulipas como también el doble de las exportaciones propias de los tamaulipecos, sin tomar en cuenta las que van de paso.

"Si bien la migración se sigue registrando, al no haber oportunidades en el campo, problemas de sequía, falta de apoyo a las actividades agrícolas entre otros factores, ya no es en las mismas proporciones que antes, debido al reforzamiento de las medidas de seguridad implementadas por autoridades migratorias de Estados Unidos", destacó.

Insistió en el hecho de que, ante la falta de dinero para seguir viviendo en el vecino país del norte, infinidad de personas que habían formado parte del éxodo de tamaulipecos que se iban por cuestiones de falta de empleo, inseguridad y ausencia de oportunidades para mejorar económicamente, han decidido regresar, lo que está impactando en una reducción en el monto de remesas. Fuente: El Diario de Victoria e Infonoticias Alfredo Guevara y Armando Castillo. 14/Ago/2017.

RELATO NO. 29. DEPORTACIONES ATENDIDAS POR FGCV (10 Noviembre 2017)

http://elreportero.mx/?p=7045

Este caos migratorio de repatriados, pasaba apenas hace un año: Nuevo Laredo, Tamaulipas. 10/11/2016:

URGENTE!! Las deportaciones de migrantes por la frontera de Tamaulipas no han parado. Obama deportó 3 millones en 8 años. Trump amenazó con deportar 6 millones en un solo año.

El Instituto Tamaulipeco para el Migrante en Nuevo Laredo y otras oficinas se encuentra cerrado y no hay quien atienda a esta pobre gente.

Urge reabrir esta importante instancia de apoyo del estado, y reforzar con las autoridades municipales y federales, junto con la Federación Casa Tamaulipas y casas de migrantes en fronteras, ante esta amenaza que requiere un nuevo modelo de atención y opciones productivas con los cierres de la frontera inminentes.

El mundo está cambiando y nosotros no estamos preparados y vemos la Tormenta y no prevenimos. Dr. Jorge Lera. Asesor Casa Tamaulipas. Investigador sobre Migración y Remesas SNI-1 UAT. (Publicación de Jorge Lera. 10/11/2016).

Hoy, el gobierno de Francisco García Cabeza de Vaca, atiende atinadamente el problema migratorio de deportaciones y los pasos de paisanos, para ver a sus familiares, por medio del Instituto Tamaulipeco de Apoyo al Migrante (ITAM) que dirige José Martin Carmona Flores, a través de cuatro oficinas en Nuevo Laredo (matriz), Reynosa, Matamoros y Tampico.

Las relaciones del ITAM con las Casas de Migrante, que dan alojamiento a los deportados son excelentes, y el trato a los líderes de Federaciones y Clubes de migrantes están mejor que nunca.

Hoy se preparan con todo, para asistir a los migrantes Paisanos que visitarán a sus familiares en las fiestas decembrinas.

No obstante prevalecen los vicios de autoridades federales que siguen extorsionado al paisano; el ITAM estará atento a este mal que nos desprestigia.

Felicitamos al Gobierno de FGCV por atender este problema de deportaciones masivas y paisanos, con programas integrales como asesorías, alimentación, cobijo, trámites legales, apoyo de transporte de retorno. Aún está pendiente celebrar las llamadas Ferias de Servicios en Texas, suspendidas por el huracán reciente.

GRÁFICAS DE LAS OFICINAS DEL INSTITUTO TAMAULIPECO PARA EL MIGRANTE. AUTOBÚS PREPARADO PARA REPATRIAR MIGRANTES Y REUNIÓN EXPLICATIVA DE RETORNO SEGURO A DEPORTADOS.

Fuente: Fotografías proporcionadas por el ITM con autorización expresa (22/Octubre/2018).

Saludo a los líderes migrantes:

Migrantes Cieneguilla Migrantes De Hidalgo En Beaumont Migrantes Hidalgo Dgam Umr Para Migrantes Coordinación A Román Bock Casa Tamaulipas Club Grupo Tamaulipas Martin Guerrero Alianza Clubes Duranguenses Club Valle Hermoso Federación Hidalguese Federación Altiplano Tamaulipeco Centro De Ayuda Victoria Tamaulipas Matías Treviño José Ángel Solorio Martínez Lupe Díaz Mtz Alberto Guerra Juan Carlos Guerrero Melitón Guevara Castillo José Humberto Zúñiga López Salomon Rosas Ramírez Conalym Programa 3×1 Migrantes.

RELATO NO. 30. OPINIÓN ECONÓMICA "FGCV-ITAM: MIGRACIÓN Y ODIO VS. MIGRANTES (26 Octubre 2017)

https://muropolitico.mx/2017/10/26/opinion-economica-fgcv-itam-migracion-odio-vs-migrantes/

Tengo siete años investigando sobre la migración, remesas, discriminación y exclusión, entre otros temas alrededor de este gran dilema. Tamaulipas sufre ofensivamente de este fenómeno social, por ser Estado fronterizo, zona de paso obligado de mercancías y personas para llegar a EE.UU. obligadamente, por medio de nuestras brechas, carreteras y 17 puentes internacionales. De entrada y salida. De ida y vuelta.

Además Tamaulipas pasó de ser entidad pasiva migratoria, a un Estado que ya tiene una quinta parte de su población viviendo legal e ilegalmente en EE.UU.

Hoy tenemos más de 500 mil tamaulipecos residiendo en ese país, y cada día se registran más de 50 mil cruces de personas de ida y vuelta para trabajar de un lado y otro de nuestras fronteras. Esto por medio de los 17 puentes con Texas.

El gobernador Francisco García Cabeza de Vaca (FGCV), por su condición de ser ciudadano binacional (México Americano), conoce perfectamente de este fenómeno transfronterizo y de impacto socioeconómico.

Además a Tamaulipas nos llegan al menos de 700 a 800 millones de dólares en Remesas de braceros y migrantes, siendo esta cifra muy superior a la inversión extranjera directa y cercana al comercio exterior de productos tamaulipecos.

Primero, en mis trabajos doctorales, abordamos los problemas económicos y de remesas, tratando de encontrar fórmulas de uso racional de las mismas, sin entender que nosotros no podemos forzar a los migrantes a la forma de aprovechamiento de las mismas, por ellos y sus familias.

De aquí resultó conocer sobre el conocido programa de gobierno de la Sedesol "3×1 de apoyo al migrante", con el gancho de fomentar uso productivo de parte de las remesas, ofreciendo por los tres órdenes de gobierno mexicano, potencializar ese uso, por cada dólar de remesas aportado por clubes de migrantes, los gobiernos federal, estatal y municipal pondrían tres dólares extras.

Buena iniciativa de origen, pero con mal resultado en los hechos, ya que las instituciones se abrogaron el derecho de escoger dichos usos productivos y comunitarios, no el migrante. Terminando de apoyar obras y empresas a modo del gobierno. Los municipios usan este programa para hacer acciones que están obligados a ejecutar con sus propios recursos.

Ahora mis investigaciones se encausan al problema mayúsculo de ser rechazados al máximo nuestros emigrantes, por las autoridades de EE.UU. encabezadas por el xenófobo y discriminador de Donald Trump, con graves sentimientos supremacistas.

Hoy vivimos los mexicanos una ola de exclusión y discriminación, tanto los que viven en EE.UU. legal o ilegal, como los que visitamos de turístas a ese país. Claros indicios son:

a) el muro fronterizo, b) la amenaza con terminar el TLCAN, c) incautar las remesas para pagar parte del muro, d) expulsión de los jóvenes estudiantes "Dreamers" amparados por el ex Programa "DACA".

No terminaríamos de enumerar los problemas nuestros, sin dejar de opinar también, por el otro tipo de fenómeno que pasa en México, con los "transmigrantes" de paso, de otros países, como Centroamérica, Sudamérica, Cuba, Haití, entre otros países.

Aquí los mexicanos nos convertimos en lo que tanto criticamos de EE.UU. al dar malos tratos y abusos a los migrantes de paso, que sufren de vejaciones, violaciones, secuestros, prostitución, muertes, entre muchos problemas más, antes de llegar a su destino final de la frontera.

Todos buscando el mal llamado "American Dream". Que ahora se le conoce como la "Pesadilla Dream".

Esto nos invita a estudiar más sobre los derechos y obligaciones de los migrantes. Saber cómo forman parte de una "ciudadanía internacional", "transnacional", "cosmopolita". Poder rescatar los derechos de migrantes a votar y ser votados, en su país de origen, y en el nuevo de destino.

El Gobierno de Tamaulipas aquí tiene mucho trabajo que desarrollar en atención de migrantes y respeto a los derechos humanos.

Los migrantes mexicanos hoy por hoy, se constituyen en los "héroes nacionales", ya que gracias a ellos y sus remesas, mantienen vivo a México.

Primero los expulsamos, después aprovechamos sus remesas. Contradicciones estructurales de nuestros gobiernos rezagados y faltos de inteligencia y de mejores políticas públicas.

Por este fenómeno y problemática social migratoria, el actual Gobierno de FGCV está determinado de actuar y avanzar en miras de atender las amenazas contra los derechos humanos de nuestros migrantes tamaulipecos, mexicanos y centroamericanos.

No queremos que se vuelvan a repetir los lamentables hechos registrados en el año 2010, donde fueron abatidos más de 70 migrantes en la zona de San Fernando, hechos que dieron la vuelta al mundo.

Tampoco queremos seguir presenciando los constantes levantones de migrantes, que diariamente sin amenazados para ser extorsionados.

Diariamente nos enteramos del trabajo que desarrolla el Instituto Tamaulipeco de Apoyo al Migrante (ITAM) desde Nuevo Laredo y las oficinas de presencia en Reynosa, Matamoros y Tampico, para atender el otro problema que resulta con las crecientes Deportaciones de migrantes Mexicanos y Centroamericanos por el Gobierno de Donald Trump.

Este trabajo a cargo del Lic. José Carmona y su equipo de colaboradores, diariamente junto las casas de migrantes, atienden, cobijan, dan de comer, asisten con documentos y auxilian con un retorno seguro a más de 500 migrantes diarios, por los tres puertos más importantes de Texas-Tamaulipas.

Expreso mi mejor deseo de seguir investigando y participando en estos debates de altura, y abonar con nuestros ideales a un ¡Tamaulipas y un Mundo mejor!

RELATO NO. 31. TLC Y LA FRONTERA FRÁGIL DE TAMAULIPAS (13 Octubre 2017)

http://elreportero.mx/?p=4979

Este jueves corrió fuerte el rumor que el Primer Ministro Trudeau y el Presidente Trump, de Canadá y EUA, acordaron en lo oscuro iniciar negociaciones bilaterales rompiendo el respaldo inicial de Canadá hacia México que defenderían juntos la subsistencia del tratado trilateral.

Después Trudeau viaja a México y seguramente definirá junto con Peña Nieto la postura final que retomará las difíciles negociaciones comerciales que amenaza la economía mexicana en general y la de Tamaulipas en particular.

Todos reconocemos que la fortaleza del Estado, es su principal debilidad, ser frontera de más de 320 km con Texas. Si se rompe el TLC se rompe el frágil equilibrio de la economía de Tamaulipas.

Habrá que recordar que la frontera entre México y Estados Unidos tiene una extensión de 3,141 mil kilómetros, y es la más dinámica del mundo en términos de sus flujos comerciales y de personas.

De acuerdo con las últimas estimaciones de la Secretaría de Relaciones Exteriores (SRE), cada día se realizan más de un millón de cruces legales de personas y 300 mil de vehículos, de los cuales más de 70 mil son camiones de carga.

Más aún, contemplados como una sola economía, los diez estados fronterizos (California, Arizona, Nuevo México y Texas, del lado estadounidense; y Baja California, Sonora, Chihuahua,

JORGE ALFREDO LERA MEJÍA

Coahuila, Nuevo León y Tamaulipas del mexicano) representan la cuarta economía mundial.

En el caso de México, el impacto de los estados fronterizos en el producto interno bruto nacional (PIB) es de 21%.

La zona fronteriza incluye 48 condados estadounidenses que se distribuyen en 4 estados y 94 municipios mexicanos distribuidos en los 6 estados anteriormente mencionados.

A pesar de que estos datos demuestran que la integración social y económica de las comunidades fronterizas mexicano-estadounidenses es profunda y benéfica para ambas naciones, las propuestas del nuevo Presidente de Estados Unidos, Donald Trump, podrían tener considerables efectos perniciosos en la región.

Estas posibles consecuencias no se limitarían a la economía y los intercambios socio-culturales de la región fronteriza, sino que también impactarían a ambas economías nacionales.

A partir de estas consideraciones, en el presente documento se presenta una radiografía general sobre el estado de la frontera en cuatro ámbitos: seguridad, comercio, migración y salud.

Además de revisar algunos de los principales indicadores al respecto, se presenta un somero análisis de cómo las propuestas del Presidente Trump –específicamente la construcción de un muro fronterizo, el establecimiento de barreras al comercio, la renegociación del Tratado de Libre Comercio de América del Norte (TLCAN), y las deportaciones masivas de inmigrantes no autorizados hacia territorio mexicano – podrían cambiar radicalmente el panorama político, económico y social de la frontera.

ECONOMÍA Y COMERCIO:

La economía de los estados fronterizos es determinante para el crecimiento de la economía nacional, en vista de la creciente importancia del sector exportador para la planta productiva mexicana a partir de la entrada en vigor del Tratado de Libre Comercio de América del Norte (TLCAN) en 1994.

De acuerdo con ProMéxico, la participación del comercio internacional de México en el producto interno bruto (PIB) pasó de 27% a 63% en las dos primeras décadas de vigencia del área de libre comercio norteamericana.

Ahora bien, el comercio de México no sólo se ha incrementado en términos cuantitativos sino también cualitativos ya que, antes de la apertura comercial detonada por el TLCAN, el principal producto exportado era el petróleo, en tanto que al día de hoy el 89% de las exportaciones son manufactureras.

Específicamente, el sector automotriz es el más productivo al respecto (1 de cada 4 productos exportados por México proviene de esa industria).

Como era antes del acuerdo norteamericano, Estados Unidos es, por mucho, el principal socio comercial de México.

En 2015, el comercio total entre ambos países fue de 495 mil millones de dólares,24 lo que equivale a alrededor de 50 millones de dólares por hora, y más de mil millones diarios.

De estos flujos, alrededor del 80% cruzan la frontera por vía terrestre. Este hecho obliga a un constante trabajo conjunto en pos de la modernización de la infraestructura fronteriza, a fin de que sea capaz de procesar de forma ágil el dinamismo de dichos flujos.

Esta preocupación también formó parte de la ya referida Declaración para la Administración de la Frontera del Siglo XXI en 2010, la cual no sólo pretendió mejorar la cooperación en materia de seguridad, sino también "promover la competitividad económica".

FORTALEZAS DE TAMAULIPAS:

Región Tampico-Pánuco:

- Ganadería y caza
- Diseño (juguetes y muebles)
- Minería
- Maquinaria y Equipo naval.

Región Matamoros:

- Eléctrico-electrónico
- Manufactura avanzada y de precisión
- Automotriz / autopartes
- Dispositivos médicos

Región Reynosa Bravo:

- Químico
- Metalmecánico
- Eléctrico-electrónico
- Plástico
- Manufactura avanzada

Fuente: Síntesis del trabajo publicado por la Consultora Gilberto Bosques para el Senado de la Republica; junio de 2017. PANORAMA ACTUAL DE LA FRONTERA ENTRE MÉXICO Y ESTADOS UNIDOS".

RELATO NO. 32. TRUMP SIGUE DEPORTANDO Y EL ITM APOYANDO (29 Septiembre 2018)

http://foropolitico.com.mx/opinion-economica-513/

El gobierno de Donald Trump está deteniendo a un promedio de 400 inmigrantes al día, eso representa un 37.6 por ciento más con respecto al mismo periodo del año pasado, durante la administración de Obama. Durante este Gobierno de Trump, la Agencia de Inmigración y Aduanas (ICE, en inglés) ha detenido cerca de 90 mil inmigrantes. Casi 3 de cada 4 de los detenidos tienen antecedentes penales, incluidos miembros de pandillas y fugitivos buscados por homicidio, aunque hay un aumento de inmigrantes sin antecedentes penales que han sido remitidos a cárceles por "La Migra".

Éste es considerado el mayor éxito del presidente Trump, ya que una de sus principales promesas de campaña fue endurecer la política contra inmigrantes indocumentados, pero aunque había dicho que principalmente "delincuentes", los agentes migratorios están deteniendo incluso a gente protegida, como "Dreamers", integrantes del ex programa DACA.

Por otra parte, de este lado de la frontera, uno de los cruces más usados por ICE para ejecutar las deportaciones, son los puentes de Nuevo Laredo Tamaulipas. Aquí el Instituto Tamaulipeco para el Migrante viene haciendo con muchos esfuerzos la tarea, tanto de recibir, asesorar, dar alimento y hospedaje en casas de migrantes, documentar y facilitar su retorno seguro, tanto al migrante deportado Nacional, como centroamericano.

Esta semana esta labor fue trastocada por la lluvia inesperada que azotó el norte de Tamaulipas, que forzó incluso el cierre de la carretera nacional que impidió el traslado de personas deportadas.

Este jueves 28 de septiembre, se reanudo la ayuda a migrantes que otorga, el Instituto Tamaulipeco para Migrantes a mexicanos repatriados por la política migratoria implementada en Estados Unidos.

"Nuestros hermanos deportados no habían podido salir a su lugar de origen por la inundación del tramo carretero entre Nuevo Laredo y Monterrey, pero con el apoyo de la casa del migrante del padre Giovanni Bizzotto, fueron atendidos y a partir de hoy, ya estamos dándoles la atención que nos pide el gobernador Francisco García Cabeza de Vaca, para que lleguen con seguridad a su hogar", dijo el director del instituto José Martin Carmona.

En promedio sumaban 240 personas, que estaban a la espera de ser trasladados hacia el interior del país y desde ayer autobuses foráneos que prestan el servicio a esa dependencia, comenzaron los viajes a la ciudad de Monterrey, desde donde los migrantes trasbordan a sus lugares de origen, pagando una tarifa con descuento.

Llueva, relampaguee, sea noche o día, entre semana o fin de semana, este trabajo no tiene descanso, y la administración de Trump amenaza que será incrementada.

RELATO NO. 33. IMPACTO LEY TEXANA SB4 EN REMESAS TAMAULIPAS (3 Septiembre 2017)

https://muropolitico.mx/2017/09/03/opinion-economica-impacto-ley-texana-sb4-en-remesas-tamaulipas/

Esta investigación inició su preparación dentro de la línea de investigación del Cuerpo Académico (UAT-CA-80), en febrero, a raíz de la noticia que el Senado de Texas aprobó la iniciativa SB4 contra las ciudades santuario.

Forma parte de la serie de libros y artículos sobre el tema "Migración y remesas", abordados por los doctores Jorge Lera y Roberto Ochoa desde 2012, cuando se ejecutó el proyecto FOMIX CONACYT, aplicado a Tamaulipas y a los municipios del Altiplano de Tula.

Particularmente, se parte de la preocupación fundada de las crecientes políticas públicas anti inmigrantes que desde su toma de protesta, Donald Trump, viene aplicando contra los migrantes indocumentados de México; así como afectando a los estudiantes protegidos por el programa DACA jóvenes Dreamers.

Uno de los temas que más han dañado nuestras relaciones diplomáticas, viene desde la propuesta de construir un Muro fronterizo. Agravando estas medidas se presenta la postura del gobierno Republicano de Texas, al postular la iniciativa de Ley conocida como SB4 contra las ciudades santuario. Inicio parcialmente este 1 de septiembre por ser impugnada por un Juez.

El objetivo principal del trabajo, es analizar la forma cómo afectará esta nueva Ley las economías y medios de vida de familias de migrantes de Tamaulipas, especialmente dentro de los municipios rurales que son los principales expulsores de mano de obra del Estado.

Esto al estimarse dos presiones de corto plazo: a) las deportaciones masivas de trabajadores indocumentados del Estado; b) la caída drástica de los actuales flujos de remesas de migrantes hacia las familias beneficiadas, que son primordiales para su manutención, ya que sin ellas se incrementaría exponencialmente la pobreza y desigualdad de los municipios rurales de Tamaulipas.

Cálculos preliminares, estiman que de Tamaulipas se registran al menos 500 mil tamaulipecos residiendo legal o ilegalmente en los Estados Unidos, la mayoría de ellos, cerca de 250 mil, en el vecino estado de Texas.

Del total de migrantes de Tamaulipas en los Estados Unidos, se estima que poco menos de la mitad, están en categoría indocumentados. Por lo que se registran cerca de 200 mil tamaulipecos en riesgo de deportación.

Las presiones de deportaciones masivas tanto de Donald Trump, como las del gobierno texano de Greg Abbott y la Ley SB4, estimamos que provocará en tres años la deportación al menos de 100 mil tamaulipecos, 33 mil por año a partir del año 2017 hasta el 2020.

Lo grave es que Tamaulipas no tiene previstas medidas de emergencia para recibir y proporcionar actividades productivas a los migrantes en peligro de deportación. Los más afectados serían los pobladores de municipios rurales.

En el caso del Estado de Tamaulipas, los siete poblados rurales (con menos de 40 mil habitantes) que más recepción de remesas en 2017 son: Mante (9.7 mdd); Tula (4.5 mdd); Valle Hermoso (3.6 mdd); González (2,7 mdd); San Fernando (2.6 mdd); Ocampo 1.3 mdd); Aldama.

Las siete ciudades grandes (zonas urbanas) con mayor recepción de remesas son: Reynosa (20.8 mdd); Matamoros (19.7 mdd); Nuevo Laredo (16.1 mdd); Ciudad Victoria (14.7 mdd), Tampico, Madero y Altamira.

En 2016 las remesas a nivel nacional crecieron 8.82% en comparación con el año anterior, situándose en 26 mil 970 millones de dólares. Esto es, 2 mil 186 millones de dólares más que el año pasado, cuando se registraron 24 mil 784 millones. Al cierre de este año 2017, al ritmo actual de crecimiento, se espera un cierre histórico superando 28.6 mil millones de dólares.

Por estados, Michoacán es la entidad que más remesas recibió en 2016. Le siguen Jalisco y Guanajuato. En cuarto lugar se ubica el Estado de México y en quinto, Puebla. Tamaulipas ocupó el lugar 10º con remesas cercanas a 650 millones de dólares al cierre del año 2016.

La forma cómo son usadas las remesas que llegan de Estados Unidos, se destinan en su gran mayoría al gasto cotidiano de los hogares para subsistir y no para proyectos de inversión.

Por lo que si estos hogares dejaran de recibir ese dinero, supondría un golpe muy fuerte para su economía cotidiana.

Por lo anterior, es importante que las autoridades mexicanas y de Tamaulipas presten atención a las ciudades de Guanajuato, Michoacán, Puebla y las 7 poblaciones rurales de Tamaulipas. "porque creemos que son las que más presión van a recibir" en caso de que Trump sí lleve a la práctica alguna medida para gravar las remesas, o en caso de que se produzcan más deportaciones masivas en los próximos tres años.

Esto puede ser una amenaza o una oportunidad para México y Tamaulipas. Todo va a depender de cuáles serán las decisiones de política pública que se emprendan.

Lo que no podemos hacer o seguir haciendo, es apostarle a darle solamente la bienvenida a nuestros paisanos.

México necesita planes de contención en caso de que Trump cumpla sus advertencias, y que estos planes deben estar "focalizados" en los estados y ciudades que más dependen de las remesas.

Debemos elaborar planes productivos 3×1 migrantes concretos a corto plazo, para ver qué vamos a hacer en los siete poblados rurales y siete ciudades de Tamaulipas, que ahora dependen de gran manera de nuestros migrantes, para cuando éstos regresen voluntaria o involuntariamente, y no encuentren trabajo.

Algo inesperado puede presentar un violento giro del estado actual de las cosas, en cuanto la Ley texana SB4.

Esto por los destrozos sufridos en la región de Houston por el Ciclón Harvey. No es descabellado pensar, que ante la necesidad de reconstruir la ciudad y sus alrededores con costo superior a 150 mil millones de dólares, será posible con el apoyo total de la mano de obra documentada e indocumentada de migrantes tamaulipecos. Nosotros tenemos los constructores, carpinteros, plomeros y herreros que ellos no tienen.

Esto permite pensar que la Ley SB4 seguirá esperando en su puesta en marcha al 100%, al menos en los restantes tres años.

Recordando que la región de Houston registra cerca de dos millones 500 mil mexicanos, de los cuales al menos un millón 250 mil son indocumentados, y 200 mil de origen de Tamaulipas.

RELATO NO. 34. DIÁSPORA MIGRANTE Y AMENAZA DE DEPORTACIONES MASIVAS (29 Agosto 2017)

http://www.ultimasnoticiasenred.com.mx/opinion/diaspora-migrante-y-amenaza-de-deportaciones-masivas/

El significado de la Diáspora, tiene su acepción original del término que está vinculada a la dispersión de los judíos fuera de Israel.

Sin embargo, la noción puede aludir a lo que sucede con cualquier grupo religioso o étnico cuyos miembros se vieron forzados a dejar su sitio de procedencia y por eso están repartidos por distintos países.

Una de las diásporas más importante de migrantes hacia Estados Unidos de América (EUA), por su número de emigrados y excluidos, es la del pueblo mexicano de origen principalmente campesino y de base obrera y artesanal.

Según datos recientes, más de 11 millones de indocumentados mexicanos, son actualmente residentes en EUA, además de 21 millones que ya cuentan con alguna forma de residencia legal.

Esto convierte a los mexicanos indocumentados y documentados residentes en la primera minoría de importancia.

Tamaulipas, es un estado que ha venido creciendo en su número de emigrantes de forma exponencial en los últimos 17 años.

Al pasar de un registro de menos de 100 mil tamaulipecos en los principios del año 2000, a una cifra cercana a 500 mil emigrados en agosto de 2017.

Este suceso, permite afirmar que la migración de Tamaulipas, hoy representa cerca de la quinta parte de los residentes en la entidad (2 millones 500 mil habitantes), y que la consecuencia en la economía, entre otros factores, representa cada año cerca de 800 millones de dólares de remesas que ingresan a los familiares residentes legal e ilegalmente en EUA.

Este fenómeno ha sido poco estudiado por los investigadores del estado, y con la amenaza latente del gobierno del Presidente Donald Trump, que anuncia que está tomando medidas que por una parte, afecte la entrada de mexicanos a territorio estadounidense, y por otra, llevar a cabo una serie de deportaciones masivas, que elimine en el corto plazo las diásporas de mexicanos residentes ilegalmente en EUA.

En el caso tamaulipeco, significa que pronto, sean retornados más de 300 mil paisanos que están residiendo en forma indocumentada en EUA.

Lo que impactaría directa e indirectamente en la población, tanto en las economías, empleos, sub empleo, inseguridad y falta de alternativas de recepción de dichos migrantes deportados.

Por ello, autoridades e investigadores requerimos definir y delimitar las amenazas y debilidades que registra la economía actual del estado, así como indagar las posibles oportunidades y fortalezas que pudieran ser tomadas en cuenta para minorar este posible impacto que pondría en entredicho la gobernanza y gobernabilidad de Tamaulipas.

El Gobierno local de Francisco García Cabeza de Vaca, tiene ante si el reto de superar esta amenaza de deportaciones, reconociendo que muchos migrantes son gente de bien y capacitados para lograr mejores trabajos y emprendimientos al ser posibles empresarios con experiencia y dominio del idioma inglés.

Recordemos que todo esto tiene consigo y una oportunidad, que con voluntad política y apoyo del Instituto Tamaulipeco del Migrante, con la experiencia de sus coordinadores de mano de José Carmona, diseñen acciones y medidas de atención inmediata.

Por lo pronto, este próximo mes de septiembre, se programa la celebración de la Primer Expo de Servicios del Migrante Tamaulipeco, en Houston Texas. Sólo habrá que informarse si los recientes daños que sufrió esa región de Texas, no provocará que sea reprogramada esa actividad que promete la propia presencia del nuestro Gobernador.

La solidaridad del Tamaulipeco debe ser en tiempos de bonanza y de crisis. Ahora son épocas difíciles y habrá que ser remontadas.

PARTE TERCERA

ENTREVISTAS EN MEDIOS ESCRITOS, RADIO, VIDEO Y TELEVISIÓN

VIDEO ENTREVISTA AL DR. JORGE A. LERA MEJÍA, OPINANDO QUE LOS MIGRANTES SE QUEDARÁN EN LA FRONTERAS DEL PAÍS, ANTE LA AMENAZA DEL GOBIERNO DE EUA, QUE SELLARÁN LA FRONTERA.

VER VIDEO EN LA SIGUIENTE LIGA:

 https://www.facebook.com/N24siete/videos/334798363735972/

Marea migratoria se quedará en Tamaulipas

Redacción 24siete
Cd. Victoria, Tamps., 22 de Octubre del 2018
http://noticias24siete.com/marea-migratoria-se-quedara-en-tamaulipas/

Preocupa la situación de la caravana de migrantes que buscan llegar al vecino país del norte, toda vez que muy probablemente se quedarán en la frontera de Tamaulipas y esto podría convertirse en una crisis humanitaria.

Así lo dio a conocer el Investigador y Economista Jorge Lera Mejía quien refirió que las autoridades federales deben ya tomar las provisiones necesarias, donde la única opción sería regresarlos a su país de origen.

"Deben ponerse de acuerdo los gobiernos, no se puede seguir hablando de derechos humanos, los derechos humanos empiezan en casa empiezan con nuestros paisanos…"

Dijo que un estado como Tamaulipas no está preparado para solventar el fuerte gasto de mantener a personas extranjeras, toda vez que se trata de alimentarlos y darles servicios médicos durante toda su estancia la cual es indefinida.

Gobierno no está preparado para afrontar el impacto social de las caravanas, advierte especialista

En este contexto, Lera Mejía apunto que el anuncio del presidente electo Andrés Manuel López Obrador, en el sentido de ofrecer empleo a los migrantes centroamericanos fue precipitado.

Visto 836 veces | La Ciudad | Por Gabriela **Sustaita. 22 Octubre 2018.**

https://elmercurio.com.mx/la-ciudad/gobierno-no-esta-preparado-para-afrontar-el-impacto-social-de-las-caravanas-advierte-especialista

El vicepresidente de la liga de economistas de la zona noreste, Jorge Lera Mejía advirtió que ni la federación, los estados y los municipios están preparados para afrontar las consecuencias del impacto económico y social que traerá consigo el éxodo de centroamericanos.

"Todos están buscando el sueño americano, pero sabemos que no los van a dejar pasar y esto va a ocasionar que muchas de estas personas se queden en Juárez, Tijuana y Tamaulipas (Reynosa, Nuevo Laredo y Matamoros); aquí los vamos a tener y si no estamos preparados para dar trabajo a nuestros propios paisanos, mucho menos a los deportados", señalo.

En este contexto, Lera Mejía apunto que el anuncio del presidente electo Andrés Manuel López Obrador, en el sentido de ofrecer empleo a los migrantes centroamericanos fue precipitado.

Destacó que el éxodo de centroamericanos requiere sin duda de ayuda humanitaria, pero reitero que en México el gobierno no está listo para hacer frente a dicho tema.

"Estamos de acuerdo que haya derechos humanos, pero no se puede anunciar algo tan fuerte porque hay otras caravanas que ya vienen en camino", ante esto, insistió en que el tema de los migrantes debe ser abordado desde otras perspectivas distintas a los Derechos Humanos a fin encontrar una solución a dicha problemática.

Marea migratoria se quedará en Tamaulipas

ESCRITO POR EDITOR 529 VISTOS. 22 OCTUBRE 2018

http://redmetropolitana.mx/Site2/2018/10/22/
marea-migratoria-se-quedara-en-tamaulipas/

Preocupa la situación de la caravana de migrantes Que buscan llegar al vecino país del norte, toda vez que muy probablemente se quedarán en la frontera de Tamaulipas y esto podría convertirse en una crisis humanitaria.

Así lo dio a conocer el Investigador y Economista Jorge Lera Mejía quien refirió que las autoridades federales deben ya tomar las provisiones necesarias, donde la única opción sería regresarlos a su país de origen.

"Deben ponerse de acuerdo los gobiernos, no se puede seguir hablando de derechos humanos, los derechos humanos empiezan en casa empiezan con nuestros paisanos..."

Dijo que un estado como Tamaulipas no está preparado para solventar el fuerte gasto de mantener a personas extranjeras, toda vez que se trata de alimentarlos y darles servicios médicos durante toda su estancia la cual es indefinida.

⊙ La Capital

Premia UAT investigación sobre remesas de migrantes y su importancia en la economía de Tamaulipas

Recibe Dr. Jorge Lera, Premio Universitario en Tesis de Posgrado

LA CAPITAL / Redacción. 2014-12-19

https://outlook.live.com/owa/?path=/mail/inbox/rp

CIUDAD VICTORIA, TAMAULIPAS.- La importancia del binomio migración y remesas para México y Tamaulipas hoy, es como la aportación del sector agropecuario durante la etapa del desarrollo estabilizador en la década de los 70's, ya que están cumpliendo un papel central en el subsidio de la economía nacional mexicana, aportando la canasta alimentaria básica de la cuarta parte de las familias mexicanas de las clases media y baja, como un componente esencial de la masa salarial generada desde el exterior.

La investigación del doctor en Administración Pública, Jorge Lera Mejía, que obtuvo el Premio Universitario en Tesis de Calidad en Posgrado otorgado por la Universidad Autónoma de Tamaulipas, explica el objetivo de "estudiar el fenómeno migratorio entre EUA, México y Tamaulipas en general y entre Houston y Tula en particular; y la importancia de las remesas en la economía de las familias, al ser estas la segunda entrada de divisas después del petróleo y antes del turismo".

Parte central de la investigación, es analizar el impacto del fenómeno de la emigración tamaulipeca, las causas y efectos del uso y aprovechamiento actual de las remesas para consumo y mantenimiento de las familias, y conocer el porqué del bajo destino de las remesas para proyectos productivos, tomando el estudio de caso de Tula en Tamaulipas, México y de Houston en Texas, EUA.

Por ello, el principal problema que toma la investigación es "indagar las causas y efectos del porqué del actual uso y destino de las remesas de migrantes de Tamaulipas y de Tula", así como "investigar las posibilidades de influir, a través del método de Investigación Acción Participativa (IAP)", para incentivar a través de mayor capacitación y concientización, y por medio de programas de fomento productivo de "cogestión" de clubes de migrantes como Casa Tamaulipas, y programas como el "3x1" de SEDESOL.

El proceso de la tesis fue realizar trabajos exploratorios con fuentes estadísticas y revisión de otras investigaciones; aplicar trabajo de campo, realizado en diciembre de 2012 y enero 2013, por medio de encuestas a migrantes y familiares de emigrantes tultecos, que arrojaron datos de interés que muestran potencial de aprovechamiento de parte de las remesas, para destinarlas a proyectos productivos; siempre y cuando se acompañen por programas de gobierno capitalizadores de las remesas colectivas de "clubes de migrantes y redes sociales", como el "Programa 3x1" de SEDESOL y "Paisano invierte en Tu Tierra" de FIRCO, junto al Gobierno del Estado y Municipios.

Entrevistado luego de ser premiado, el doctor Lera Mejía expresó: "extiendo mi profundo agradecimiento al Gobierno del Estado, que encabeza Egidio Torre Cantú; al Rector Enrique Etienne Pérez del Río; y al Consejo Tamaulipeco de Ciencia y Tecnología (COTACYT) y su Director Francisco Hernández Montemayor, al recibir apoyo becario para la realización de la Tesis doctoral bajo la Línea de Investigación FOMIX-CONACYT.

En forma muy especial, hizo un reconocimiento a su maestro y director de Tesis, Roberto Fernando Ochoa García, de la Unidad Académica de Ciencias Jurídicas y Sociales (UACJS), que formó parte del cuerpo académico FOMIX bajo su responsabilidad técnica; así como a sus asesores Pedro Carlos Estrada Bellmann, de la Facultad de Ingeniería y Ciencias, y a Adolfo Rogelio Cogco Calderón, de la UACJS.

Hoy Tamaulipas

Desplazados Internos y la Migración Violenta

http://www.hoytamaulipas.net/notas/66657/Desplazados-internos-y-la-migracion-violenta.html

Columna Opinión Económica. Por: Dr. Jorge A. Lera Mejía. 20 Enero 2013.

En el reciente ensayo "México ante la crisis humanitaria de los desplazados internos, de los autores Luis Benavides y Sandra Patargo (Dic. 2012), ex alumnos del ITAM, se describe el desplazamiento interno de personas (o desplazamiento forzado). Por lo interesante de las aportaciones de este ensayo, me permitiré resumir este trabajo de investigación.

(Fuente: http://exalumnos.itam.mx/FAL_dic12/14_Benavides.pdf)

"...Se piensa en ejemplos de los países africanos, del Medio Oriente, de Centro o Sudamérica que, como consecuencia de luchas internas o conflictos internacionales, obligan a grandes sectores de la población a dejar sus hogares.

Cuando lo planteamos de esa manera, el fenómeno del desplazamiento interno en México no resulta tan distinto de lo que ocurre en otros países. En la actualidad, varios grupos criminales, que se enfrentan entre sí y contra las diversas fuerzas del Estado mexicano, han provocado que grandes sectores de la población civil hayan sido forzadas a dejar sus hogares y trasladarse a otras ciudades.

De acuerdo con el Conflict Barometer 2011 del Heidelberg Institute for International Conflict Research, la confrontación entre el gobierno mexicano y los cárteles de las drogas han llevado a México a destacar por alcanzar el número cinco -el grado más alto- en la escala de intensidad del conflicto, siendo considerada, por segundo año consecutivo, la única guerra en el continente americano.

El problema de los desplazados internos en México como consecuencia de la lucha en contra del crimen organizado -que, sin duda, debe ser considerado una emergencia humanitaria en ascenso- nos obliga a poner sobre la mesa la importancia de que el gobierno mexicano dé los pasos necesarios para garantizar la protección de esta población tan vulnerable.

Este fenómeno que se ha presentado con mayor fuerza a raíz de la "guerra contra el crimen organizado" (2006-2012), provocó que las personas que se desplazan están haciéndolo como consecuencia de amenazas directas de los miembros de los cárteles o simplemente porque la violencia y la inestabilidad les impiden vivir en sus hogares.

El despliegue de las fuerzas armadas en toda la República tampoco ha sido la solución esperada, sobre todo para evitar el desplazamiento de las personas. La misma presencia militar ha aumentado el número de quejas por violaciones de los derechos humanos por parte de las fuerzas armadas desde 2006.

Asimismo, el desplazamiento forzado se ha sumado a un nuevo tipo de migración hacia Estados Unidos que, sin descartar por completo el antiguo incentivo económico, está impulsada por el miedo y la inseguridad. Por ejemplo, nada más en los 2 primeros meses de 2010, el número de mexicanos que pidieron créditos para comprar casas en Texas se duplicó con respecto al año anterior.

En México, se están presentando dos tipos de desplazamientos: en masa y poco a poco. Los primeros se dan, generalmente, después de un incidente cargado de violencia que lleva a que comunidades enteras dejen su lugar de residencia en un mismo momento. El segundo tipo de desplazamiento se da de manera paulatina, y la mayoría de las veces se presenta cuando hay amenazas o pequeños brotes de violencia.

Otra característica particular del conflicto que se vive actualmente en México es que afecta a ricos y pobres, a gente de ciudades grandes y de comunidades en zonas rurales, mujeres, niños, jóvenes, gente mayor, empresarios, indígenas, campesinos, funcionarios públicos y prácticamente a cualquier habitante del país. Quizás el grado de vulnerabilidad de cada grupo es diferente, pero la realidad es que ya nadie está exento de vivir una amenaza o extorsión, o de ser víctima de algún tipo de violencia; por lo tanto, cualquier mexicano podría llegar a ser una víctima del desplazamiento forzado.

Esta clase de fenómeno se ha mostrado más en la zona norte del país. En esta región, los empresarios han sido de los primeros grupos en desplazarse tras recibir amenazas o ser extorsionados, han cerrado sus empresas o las han trasladado a lugares más seguros en otra ciudad o fuera del país. Muchas veces, estos grupos cruzan la frontera de Estados Unidos llevándose los negocios que aquí dejaban de ser productivos por las amenazas y las constantes extorsiones.

De acuerdo con el International Displacement Monitoring Centre (IDMC), los estados que presenta más casos de desplazamiento interno, como consecuencia de los enfrentamientos entre los cárteles del narcotráfico y la respuesta militar del gobierno de Felipe Calderón, son Chihuahua, Tamaulipas, Nuevo León, Durango, Sinaloa, Guerrero y Michoacán (en la zona de Tierra Caliente, se registran más de 10,000 personas desplazadas hasta 2010).

La cantidad de personas que han dejado su hogar o su comunidad a causa del incremento de la violencia por la lucha entre los cárteles y las fuerzas de seguridad para diciembre de 2010 era de 230,000 personas, aproximadamente, de las cuales se estima que 115,000 se desplazaron sin haber cruzado fronteras.

Un reportaje de Vanessa Job para la revista Emeequis de agosto de 2011 expone la cifra obtenida por Parametría en lo que sería la primera encuesta nacional que mide este fenómeno. La encuesta señala que en la segunda mitad de 2010 y la primera de 2011, alrededor de 700,000 personas tuvieron que dejar su hogar como consecuencia de la violencia generalizada que se vive en el país.

El problema de los desplazados internos como resultado de la lucha contra el crimen organizado en México ha sido subestimado e incluso ignorado. Si bien las cifras sobre el número de desplazados varían según las diferentes fuentes, lo cierto es que se cuentan por miles y no existen políticas públicas que atiendan de manera integral este fenómeno.

El Estado mexicano debe garantizar la protección de los derechos de los desplazados internos y para ello debe a) hacer un reconocimiento explícito del desplazamiento y de sus víctimas, b) realizar una la evaluación y medición del fenómeno, tanto cuantitativa como cualitativa, c) llevar a cabo las medidas necesarias para minimizar la situación de riesgo de los desplazados, d) y crear un marco normativo a nivel federal que incluya no sólo el reconocimiento de los derechos de las víctimas de desplazamiento, sino que identifique claramente a los responsables de atender este fenómeno y que coadyuve a instrumentar políticas públicas de atención a los desplazados internos..." (Fin del resumen de ensayo citado).

NO BAJAN REMESAS PESE A LAS EXPULSIONES

Las repatriaciones de tamaulipecos no impactan en las remesas que envían ciudadanos que radican de forma legal e ilegalmente en Estados Unidos, incluso no es una baja que alarme poblacionalmente

7:55 AM / 05 DE FEBRERO, 2018 / ARTURO ROSAS H.

https://expreso.press/2018/02/05/no-bajan-remesas-pese-las-expulsiones/

CIUDAD VICTORIA, Tamaulipas.- Jorge Lera Mejía, economista y especialista en materia de movilidad migratoria, explica que las repatriaciones de tamaulipecos no impactan en las remesas que envían ciudadanos que radican de forma legal e ilegalmente en Estados Unidos, incluso no es una baja que alarme poblacionalmente.

Muestras que mientras en 1995 había un registro de 160 mil paisanos radicando "legal e ilegalmente" en los Estados Unidos, para el año 2000 ya se estimaba una población de 350 mil emigrantes y en el 2017 se calcula que residen 500 mil tamaulipecos. "Representa que sólo en 20 años en el Estado, se triplicó la emigración hacia Estados Unidos de Norte América.

Frente a estos números, las repatriaciones de tamaulipecos, si bien no dejan de tener un impacto en lo social, económico y hasta familiar, los casi 20 mil paisanos que fueron expulsados de Estados Unidos es una parte mínima.

Quizás por ello, en materia de remesas que se reciben en municipios de la entidad, no presentan un impacto negativo.

Basado en datos más reciente que emitió el Banco de México el pasado 1 de febrero, Jorge Lera, expone que Tamaulipas recibió al cierre del 2017 691.1 millones de dólares.

Repatriaciones no impactan remesas: Lera Mejía

Por: Arturo Rosas H.   05-02-2018

https://muropolitico.mx/2018/02/05/repatriaciones-impactan-remesas-lera-mejia/

Ciudad Victoria, Tamaulipas.- Para Jorge Lera Mejía, economista y especialista en materia de movilidad migratoria, las repatriaciones de Tamaulipecos no impactan en las remesas que envían los ciudadanos que radican de manera legal e ilegalmente en Estados Unidos, incluso no es una baja que alarme poblacionalmente.

Tamaulipas tocó casi los 700 mdd en remesas en el 2017, mayor al 2016.

Muestras que mientras en 1995 había un registro de 160 mil paisanos radicando "legal e ilegalmente" en los Estados Unidos, para el año 2000 ya se estimaba una población de 350 mil emigrantes y en el 2017 se calcula que residen 500 mil tamaulipecos.

"Significa que en solo 20 años en el Estado, se triplicó la emigración hacia Estados Unidos de Norte América".

Frente a estos números, las repatriaciones de Tamaulipecos, si bien no dejan de tener un impacto en lo social, económico y hasta familiar, los casi 20 mil paisanos que fueron expulsados de Estados Unidos es una parte mínima.

Quizás por ello, en materia de remesas que se reciben en los municipios de la entidad, no presentan un impacto negativo.

Basado a los datos más reciente que emitió el Banco de México el pasado 1 de febrero, Jorge Lera expone que Tamaulipas recibió al cierre del 2017 691.1 millones de dólares.

En 2016 Tamaulipas recibió 653.6 mdd. Esto es, hubo un aumento de 37.5 millones de dólares de un año a otro. Cifra cercana a la inversión extranjera del Estado.

Con ello Tamaulipas ocupa ya el lugar número 14 de los estados que más remesas recibe, con el 2.4% de participación Nacional.

Aún más, recuerda que las remesas de Tamaulipas rebasaron incluso la barrera de los 800 mdd en los años 2014 y 2015, cerrando en 653.6 mdd en 2016; y superando los 691 mdd este año 2017.

"De continuar este ritmo de ascenso, Tamaulipas puede regresar a la barrera de los 800 millones de dólares".

En Riesgo 800 MDD De Remesas Para Tamaulipas

DESTACADAS /3 FEBRERO, 2017 POR: /JOSÉ GPE. SALDAÑA GARCÍA /6089 VIEWS Por: José Saldaña.

http://heraldodetamaulipas.com/web/2017/02/03/en-riesgo-800-mdd-remesas-tamaulipas/

El vicepresidente de la Zona Norte de la Liga de Economistas, Jorge Lera Mejía aseguró que con Donald Trump al frente del gobierno norteamericano, se encuentran en riesgo al menos 800 millones de dólares de remesas para Tamaulipas.

Recordó que el actual presidente del vecino país ha expresado su intención de evitar que los connacionales que saquen millones de dólares y los envíen a sus familiares que radican en México.

"De 25 mil millones de solares en remesas que envían los connacionales a México se encuentran en riesgo con el gobierno de Trump, lo que afectará severamente a Tamaulipas a donde llegan 800 millones de dólares", expuso.

Agregó que en México el salario mínimo ha sido rebasado constantemente por los precios de los productos de primera necesidad, además el poder adquisitivo ha caído al menos en un 70%, lo que pone en una situación difícil a nuestro país.

"Antes de los 70 estábamos muy bien, el salario mínimo alcanzaba para la canasta básica y para comprar un bocho, ¿te acuerdas?, entonces estamos peor. En 30 años se ha perdido el 70% del poder adquisitivo, se anunció que ya estaba recuperándose, pero con el gasolinazo, con esto se diluyo lo que había hecho el Gobierno de Enrique Peña Nieto".

El economista indicó que ante el cierre de la frontera por parte de Estados Unidos y la crisis que se vive en el país debido a que el gobierno no ha podido detener la inflación, es necesario voltear hacia nuevas estrategias económicas y también apoyar al mercado interno.

"Hay que volver al mercado interno y no es una ocurrencia, se necesita volver al mercado interno porque el mercado este no está cerrado, amenazaba estar cerrado, amenaza estar cerrado con tantas decretos ejecutivos de Trump contra el TLC y el muro".

Coinciden sectores y actores: migrantes es tema grave

El fenómeno deja a la luz la corrupción que impera en los retenes de al menos seis o siete estados de la república por donde pasan los migrantes sin ser detenidos, la inminente posibilidad de un "desastre humanitario" aunado al colapso de los municipios de la frontera norte.

Visto 64 veces | La Región | Por Daisy Verónica Herrera Medrano. 12 **Febrero 2018**

https://elmercurio.com.mx/la-region/
coinciden-sectores-actores-migrantes-tema-grave

Más de 600 indocumentados que a manos de "polleros" eran trasladados en condiciones inhumanas en buscaban el "sueño americano" fueron rescatados en las últimas semanas, como parte del reforzamiento de los retenes carreteros en Tamaulipas.

El fenómeno deja a la luz la corrupción que impera en los retenes de al menos seis o siete estados de la república por donde pasan los migrantes sin ser detenidos, la inminente posibilidad de un "desastre humanitario" aunado al colapso de los municipios de la frontera norte.

El maestro en economía y doctor en administración pública, Jorge Lera Mejía, destaca la necesidad urgente de legislar en Tamaulipas para organizar en forma integral este fenómeno que dice, debe ser coordinado con autoridades centrales del Instituto Nacional de Migración y la Comisión Nacional de Derechos Humanos, para evitar un desastre de altos costos políticos y sociales.

El también investigador señala que es muy sospecha la forma en que burlan la vigilancia de los agentes federales de migración, pues los tráileres que fueron asegurados en Tamaulipas, cruzan por más de siete entidades federativas que tienen innumerables retenes de carretera operados por militares, federales, garitas sanitarias, módulos de migración y autoridades locales.

Jorge Lera Mejía, acudió con un grupo de ciudadanos interesados en el tema, sostuvieron una reunión con el Presidente de la Junta de Coordinación Política del Estado, Glafiro Mendiola Salinas, donde la propusieron legislar una nueva "Ley Estatal sobre Migración en Tamaulipas", ante la urgente necesidad de atender de forma integral el fenómeno de los transmigrantes y menores no acompañados.

Para la atención de estos temas, señalaron que es necesario involucrar a la Sociedad Civil, universidades, líderes migrantes, autoridades federales, estatales y locales.

Al respecto, la Subsecretaria de Legalidad y Servicios Gubernamentales, Gloria Garza Jiménez, coincidió en que hay que revisar bien en que parte están fallando los filtros o las autoridades que permiten que los migrantes lleguen a Tamaulipas.

"¿Cuantos retenes no pasaron para llegar a la frontera tamaulipeca?, son muchos estados los que tienen que transitar para llegar a Tamaulipas", precisó.

Lo que se alcanza a vislumbrar a simple vista dijo la funcionaria es que los migrantes han cambiado la forma de llegar a Estados Unidos, dejando de utilizar el tren conocido como La Bestia y que ahora prefieren usar las cajas de los camiones para llegar a los cruces principalmente de Matamoros y Nuevo Laredo.

Agregó que el Estado ha estado trabajado muy fuerte para evitar un colapso en los municipios de la frontera norte, a través de los retenes que existen en el territorio tamaulipeco donde se está privilegiando el evitar algún tipo de violación hacia las personas que transitan por el estado por parte de quienes trabajan como "polleros", llevándolos al otro lado de las frontera y en darles un regreso seguro a los migrantes.

"Una vez que se detectan enseguida poderlos enviar a su lugar de origen de la manera más pronta para evitar también que queden varados muchísimas personas en nuestras fronteras porque también hay riesgo de inseguridad, de salud y de otros tipos".

Indicó que a partir de la administración del gobernador Francisco García Cabeza de Vaca, la revisión en los retenes carreteros ha sido más intensa y coordinada con la Secretaria de Seguridad Pública, Procuraduría, Sedena y Semar y que los resultados están a la vista.

El diputado Ángel Romeo Garza Rodríguez, presidente de la Comisión de Asuntos Fronterizos y Migratorios del Congreso del Estado, hizo un llamado a las embajadas de Guatemala, Honduras y el Salvador para que presten una mayor atención al problema de los migrantes deportados de los Estados Unidos.

El diputado denunció que los centroamericanos no reciben la debida asistencia consular, ni ayuda para su traslado a sus lugares de origen por parte de las embajadas y que la carga la lleva el Estado.

Dijo que es común que migrantes deportados de aquellos países se digan mexicanos ante las autoridades migratorias alegando que les fueron robados o extraviaron sus documentos de identidad para de esta forma quedarse por un tiempo más en las ciudades fronterizas mexicanas, con el propósito de intentar de nueva cuenta ingresar a los Estados Unidos.

El traslado de los migrantes hacia sus lugares tiene un alto costo pues en la mayoría de los casos se hace a bordo de avión, por lo que, los gobiernos de Guatemala, Honduras y el Salvador deben contribuir con esos gastos.

IME desconoce número de migrantes tamaulipecos

Fecha: 2017-02-06 Por: Jorge A. Lera Mejía

Por Jorge A. Lera Mejia / *muropolitico.mx*

http://www.noticiasdetamaulipas.com/nota.cgi?id=510988

Cd. Victoria, Tamaulipas.- De acuerdo a cifras del Instituto Nacional de Migración (INM), en 2016, más de siete mil tamaulipecos fueron deportados de Estados Unidos a través de los puentes internacionales de Tamaulipas, lo que representa un incremento del 20 por ciento comparado con las cifras del 2015.

Según la información proporcionada por el INM, el gobierno de Estados Unidos, expulsó a 53 mil 119 mexicanos por

Tamaulipas, de los cuales, más del 10 por ciento de ellos son tamaulipecos.

Estas cifras posicionan a Tamaulipas entre las cuatro entidades federativas con más flujo de migrantes a nivel nacional, ya que en el mismo periodo de tiempo, ingresaron (de paso hacia EUA) al estado 688 mil personas del extranjero.

En el corredor fronterizo de Nuevo Laredo a Matamoros el panorama en las cercanías de los Puentes internacionales se repite: cientos de mexicanos y extranjeros abandonados a su suerte por agentes de la Patrulla Fronteriza de Estados Unidos, que después de ficharlos los destierran a ciudades donde nadie los espera y donde las autoridades no tienen suficiente para darles techo y comida.

Para José Carmona Flores, director del Instituto Tamaulipeco del Migrante (ITM), en los últimos ocho años (Gobierno de Obama), en la frontera norte la República Mexicana se han realizado más de 2.8 millones de repatriaciones, de las cuales el 50 por ciento de ellas se hacen por el estado de Tamaulipas.

Dijo que a diciembre de 2016, más de 50 mil mexicanos indocumentados han sido repatriados por los municipios de Nuevo Laredo, Reynosa y Matamoros.

CIFRAS DEL IME: Lo grave de este asunto, es cuando se publican cifras distorsionadas del caso de migrantes tamaulipecos en EUA, que desde 2010 ha incrementado las emigraciones de indocumentados, empresarios y hasta profesionistas (fuga de mano de obra, capitales y de cerebros), ante la falta de oportunidades en Tamaulipas, los altos índices de inseguridad, extorsiones y secuestros.

Esto lo afirmo aquí, por qué el pasado viernes el Instituto de Mexicanos del Exterior (IME) dependiente de la Secretaria de

Relaciones Exteriores (SRE), publicó en el Diario de Victoria que:

(…) Se registran cerca de 30 mil 531 tamaulipecos residiendo en EUA y hasta el momento no reporta ningún retorno que altere esa cifra.

La mayoría de estos más de 30 mil paisanos de esta entidad radican en diez ciudades del vecino país del norte, destacando Houston en donde viven siete mil 545.

La dependencia señala que es Matamoros el municipio con mayor porcentaje de personas "exportadas" a la Unión Americana con cinco mil 335 personas que significa el 17 por ciento de los tamaulipecos que se han ido a vivir allá.

Le siguen Reynosa con cuatro mil 178, Nuevo Laredo con tres mil 586 y Tampico con dos mil 307. Victoria "exportó" 948 y los municipios rurales del Altiplano (todos en su conjunto) mil 435 personas (…) Fuente:

Solamente baste reconocer que el municipio de Tula es el de mayor número de emigrantes relativos de Tamaulipas, ya que de 15 mil tultecos residiendo en el municipio, se registran otros 15 mil viviendo en EUA. O sea una proporción uno a uno.

Resulta lamentable que el IME publique esas cifras, que seguramente están malinterpretadas, cuando de acuerdo a datos investigados por varios profesores investigadores, estimamos que en EUA se registran entre 350 a 500 mil migrantes legales e indocumentados.

Además que Tamaulipas en los últimos 5 años ocupa el lugar número 8 de recepción de Remesas de migrantes con más de 800 millones de dólares promedio desde 2013. Significaría que cada tamaulipeco promedio enviaría 26 mil 666 dólares al año, si fuera cierto que existen 30 mil migrantes (dividir 800 mdd entre 30 mil migrantes).

En cambio sí se dividen 800 mdd entre 500 mil migrantes reales, el promedio anual per cápita sería de mil 600 dólares al año.

A nivel nacional se acaba de informar por El Banco de México, que los envíos de remesas crecieron 8.8% en el 2016, cerca de los 27,000 millones de dólares, al recibir 26,970 millones, el total anual más alto en la historia.

Asimismo, él Banxico reconoce que de enero a diciembre del 2016, el número de operaciones fue de 91.47 millones, cifra 7.97% mayor comparado con el 2015, con un monto promedio por remesa de 295 dólares. Por lo que Tamaulipas se puede inducir que tiene más de 500 mil migrantes de acuerdo a este dato (se podría duplicar a más de un millón de tamaulipecos de una población total actual de 3.5 millones de personas en la región).

De acuerdo a datos que proporcione a la periodista ROSY Zertuche de La Gaceta Mx, en febrero de 2016:

(...) De acuerdo con el doctor en Economía, Jorge Lera Mejía, especialista en el tema de migrantes y remesas, ni el Consejo Nacional de Población (CONAPO) o el INEGI han proporcionado la cifra de los tamaulipecos radicados en Estados Unidos en edad de votar, por lo que los datos existentes son interpretativos.

Dijo reconocer unos 350 mil migrantes tamaulipecos y por cuestión estadística de la población genérica en edad de votar, precisó que se estima un porcentaje del 60 por ciento, es decir cerca de 180 mil personas nacidas en Tamaulipas con edades por arriba de los 18 años lista para ejercer su voto en procesos locales desde Estados Unidos en cuanto la ley se los permita (...)

Fuente: http://www.gaceta.mx/ley-ineficiente-impide-a-180-mil-tamaulipecos-radicados-en-eua-votar-por-gobernador/

Por último de acuerdo a cifras binacionales entre EUA y México se reconoce que hoy día se registran cerca de 35 millones de mexicanos residiendo en ese país. De los cuales 11 millones están en las sombras por ser indocumentados, y Donald Trump amenaza a que deportará cerca de 5 millones de ese número, superando las repatriaciones de 2.8 millones de los 8 años del demócrata Barack Obama.

PRIMERA VUELTA

MARZO 25, 2017 PRIMERA VUELTA

Mienten autoridades en cifras de indocumentados

Por: Lourdes Lozada Fernández

https://primeravuelta.com/2017/03/25/mienten-autoridades-en-cifras-de-indocumentados/

Las autoridades mienten respecto a las deportaciones por Tamaulipas, estás son masivas y diarias, es mentira que se mantienen las cifras similares a los tiempos de Barack Obama, hay situaciones que están demostrando todo lo contrario, aseguró el Presidente de la zona norte de la Liga de economistas, Jorge Lera Mejía.

Existen estudios que reconocen que en Tamaulipas hay cerca de 500 Mil migrantes, de los cuales más de 300 mil no tienen estancia migratoria legalizada, otros 50 mil son estudiantes indocumentados, 50 mil están residiendo con permisos vencidos de turistas (más de 6 meses de su expedición).

16 Años Hoy Tamaulipas

Éxodo Transmigrante. Opiniones de expertos a mi Libro

http://www.hoytamaulipas.net/notas/363411/Exodo-
Transmigrante.-Opiniones-de-expertos-a-mi-Libro.html

*Opinión Económica. Por: Dr. Jorge A. Lera Mejía. 21
Noviembre 2018.*

Ayer publiqué mi nuevo libro nombrado "Éxodo de
Transmigrantes Centroamericanos y Tráfico de Personas:
Casos de Familias Enteras por México y Tamaulipas", con la
Editorial Palibrio de EUA. Hoy publico aquí, los comentarios
de dos amigos investigadores, un líder migrante, un diputado
Federal, un excelente periodista de la frontera desde Laredo
Texas y un funcionario al respecto del contenido y tema del
mismo libro y del fenómeno de las caravanas. A todos ellos,
desde mi columna, agradezco sus referencias y opiniones
respetables.

En primer lugar, mi colega investigador de la Facultad de
Educación de la Universidad de Málaga España, Dr. Nacho
Rivas Flores, hace una comparativa del fenómeno español,
con los arribos frecuentes a España de migrantes afroasiáticos
y el caso mexicano-centroamericano.

[...] El libro define perfectamente lo que supone hoy día los
desplazamientos migratorios, que ya pueden considerarse por
más tiempo, como cuestiones de grupos. Son cuestiones de
pueblos y naciones que se ven obligadas a abandonar hogares,
abandonar su historia, su territorio, con la única finalidad de la

subsistencia. En el momento que vivimos difícilmente se puede hablar de la migración en términos del intento de alcanzar mejores condiciones de vida. Antes bien, la cuestión se sitúa en términos de vivir o morir. A menudo, tal como estamos viendo en el Mediterráneo, la alternativa es donde morir.

Una de las caras más crueles de esta realidad es que una gran parte de estos migrantes, actualmente, son menores, personas jóvenes y mujeres. Esto es, los que más sufren la crueldad de las situaciones de origen y los que han perdido la esperanza de que tengan alguna opción de vida en sus propios territorios. Ante esto, Europa, al igual que otros dirigentes como Trump, solo se preocupan de vigilar y controlar sus fronteras; como cerrar la única esperanza que les queda. Con un argumento tan absurdo como cruel y discriminador: la falta de esperanza te convierte en delincuente, en una amenaza para la seguridad.

Hay una pérdida radical de humanidad en esta situación. Permitir que otro ser humano muera, solo porque no es como yo, es atentar contra la propia especie, con lo que nos debe caracterizar como tal y lo que nos compromete con nuestra supervivencia. Las fronteras no son más que la prueba de nuestro fracaso [...] Fin de la cita del Dr. Flores.

Por otro lado, mi amigo Dr. Roberto Ochoa García, tampiqueño investigador Nacional SNI Conacyt de la FADyCS de la UAT, coautor conmigo en diversas publicaciones durante los últimos cinco años, me expresa las siguientes reflexiones:

[...] Tu libro sobre las actuales caravanas de centroamericanos, está escrito en forma de ensayo con un recuento de hechos que han consternado a la sociedad, pero que manifiestan de forma sutil y real la cruda realidad que enfrentan los migrantes en su paso por México.

El libro expresa del autor las experiencias como asesor de migrantes y la capacidad para discriminar los datos de noticias falsas. En términos generales el libro contribuirá a tener una visión panorámica de un problema mundial que sin duda se estará agravando en próximas fechas [...] Fin comentario.

Otro gran amigo, Líder de la Federación de Migrantes de Tamaulipas en Houston Texas "Casa Tamaulipas", el C.P. Román Pérez Bock, me comparte al tenor de las experiencias e historias de vidas de Migrantes, su impresión al contactar con un hondureño que vive en el Estado de Texas con experiencias exitosas:

[...] Acabo de tener una charla y escuchar el testimonio de vida de mi cliente Russell B, inmigrante de Honduras que llegó a los 12 años de edad con sus padres buscando asilo en USA.

Hoy a sus 23 años cumplidos, el ya está en proceso de comprar su propia casa para vivir con sus padres, se dedica al detallado y pintura de carros en forma profesional. A la fecha ha ganado competencias y verdaderamente disfruta lo que hace. Seguido lo contratan para eventos de coches de lujo para ver los resultados de su trabajo, y por ello me comenta que le gusta lo que hace y quiere ser el mejor.

"La mayoría de los migrantes somos gente de trabajo que emigramos para buscar una vida mejor" #TodosSomosMigrantes [...] Fin de la experiencia.

Asimismo, el actual Diputado Federal por Nuevo Laredo, integrante de la Comisión de Migración y reconocido Agente Aduanal, Salvador "Chava" Rosas, opina:

[...] Referente a preparar en su Distrito el posible arribo de parte de la Caravana centroamericana; que en Tamaulipas se dispone desde la oficina matriz en Nuevo Laredo, del Instituto Tamaulipeco para el Migrante (ITM), a cargo del CP José Carmona Flores, el cual sigue instrucciones directas del Gobierno de Francisco García Cabeza de Vaca, y opera eficientemente una labor humanitaria asistiendo a los migrantes nacionales y extranjeros que pasan hacia su sueño de trabajar en los EUA.

Comenta que el ITM también apoya a los migrantes indocumentados, que por desgracia están siendo deportados o repatriados por los puentes fronterizos de Nuevo Laredo, Reynosa y Matamoros, donde el ITM dispone de oficinas y personal de Apoyo donde asisten a los migrantes con asesoría legal, documentos de respaldo legal, disposición de transporte para retorno al centro del país, así como dormitorios y alimentación a través de las casas del migrante.

Sin embargo reconoce, que esta infraestructura y apoyos no serían suficientes y se rebasaría en el caso de recibir contingentes superiores a 250 personas por más de 15 días, que es la cobertura de dos casas de migrantes y del propio Instituto promedio […] Fin de la opinión del Diputado Rosas.

No menos importante, la influyente pluma editorial desde el periodismo de opinión en Laredo Texas, mi amigo Miguel Timoshenkov, expresa su sentir respecto a mi libro y las expresiones xenofóbicas generadas por los actuales éxodos migrantes:

[…] Estimado Dr. Jorge Alfredo Lera Mejía: Aprecio él envió de tu libro "Éxodo de Transmigrantes". Enmarcas la cruda realidad que viven y enfrenta este sector social. Los desplazamientos exhiben como los liderazgos en estos pueblos los abandonaron colapsando políticas públicas de sus naciones. Subsistir es anhelo de cada padre y madre para su familia. México no es ajeno a la migración con 36 millones de nacionales en Estados Unidos que han luchado por una vida mejor, que les fue negada. Quienes seguimos de cerca el fenómeno migratorio entendemos sus causas y anhelos.

Dr. Lera, con tu creación literaria nos ilustras puntos objetivos de las movilizaciones Transmigrantes, ya que niños en brazos, menores unidos a sus familias están desafiando caminos, riesgos y a la misma muerte por alcanzar un objetivo. Aprecio con tristeza como en Tijuana han mostrado la crueldad y aplican la discriminación que motiva Donald Trump, a la esperanza de alcanzar el "sueño americano". La autoridad en sus diferentes ámbitos refleja sus fracasos en la frontera. Son contados hombres y mujeres que solidarizan sus esfuerzos para entender y sumar a la causa de los Transmigrantes. Gracias por tu interés en el tema de hoy. Saludos afectuosos [...]

Finalmente, me honra publicar la opinión del Director General del Instituto Tamaulipeco para el Migrante (ITM), además de Coordinador General de Organismos de Apoyo a Migrantes (CONOFAM) y de Consejo Nacional de Líderes y Legisladores Migrantes (CONALYM), CP José Martin Carmona Flores.

[...] Estimado amigo, Dr. Jorge A. Lera Mejía, excelente e interesante tu nuevo libro; "Éxodo de Transmigrantes Centroamericanos y Tráfico de Personas". Creo que en esta obra, desde su título nos transmites la idea original de su contenido, y en un tiempo tan oportuno del MÉXICO de hoy, sea una herramienta de reflexión para modificar algunas de las políticas públicas.

El fenómeno migratorio que enfrenta México en estos días, debió de ser prioridad como lo es en lo social, cultural, económico, etc., pero siempre fue considerado en 3er. grado dentro de la atención pública. En la actualidad y gracias a la experiencia de aquellos Estados expulsores de migrantes, más unos cuantos que veían el tránsito de estos hombres, mujeres y niños, como también los Estados de las fronteras que veían las repatriaciones y deportaciones, todos ellos aportaron los primeros datos de un fenómeno social de movilidad humana, para crear iniciativas de Leyes Migratorias y organizaciones de migrantes dentro y fuera del país.

La situación de estas personas migrantes, pronto empezó a demostrar su vulnerabilidad, que al desamparo de Leyes e instituciones empezaron hacer objeto de abusos, extorsiones, trata y asesinatos.

Hoy en día, se cuenta con Leyes de Migración, Derechos Humanos y con una sociedad participativa. En los Estados con Institutos para el Migrante, con Casas de Migrantes, ONG's y un gran número de organizaciones civiles y religiosas que juntos atienden este creciente fenómeno de la migración.

Pero la movilidad sigue en México y en el mundo, de tal manera que hoy enfrentamos grandes caravanas de migrantes extranjeros, que ya no solo atendemos a mexicanos deportados de los EUA, sino que también a familias enteras de migrantes extranjeros de África, Centroamérica, Cuba, Suramérica, Asia, etc., tratando de llegar a los EUA por nuestro Estado de Tamaulipas.

Tú excelente libro no solo es una referencia informativa y de estadísticas, sino la realidad que marcará el Reto del nuevo MÉXICO MIGRANTE y su futuro. Saludos [...] Fin de la cita.

Hasta aquí las reflexiones de expertos, desde diferentes ópticas pero todas coincidiendo que este tema apenas comienza y refleja un mal que duele a toda la humanidad y que amenaza en convertirse en un crimen de "lesa humanidad"[3] si no se atiende a tiempo y se detienen las causas de los ÉXODOS HUMANOS.

---

3   *Se entienden como crímenes de lesa humanidad asesinatos, exterminios, esclavitud, deportación* o traslado forzoso de población, *encarcelación o privación de libertad física* que viole el derecho internacional, *torturas, violaciones, prostitución forzada o violencia sexual, persecución de un colectivo* por motivos políticos, raciales, nacionales, étnicos, culturales, religiosos o de género, *desaparición forzada de personas, apartheid* y otros actos inhumanos que atenten contra la integridad de las personas. Fuente: Agencia de la ONU para Refugiados. https://eacnur.org/es

PARTE CUARTA
REFLEXIONES FINALES

REFLEXIONES FINALES

México surca tiempos difíciles e inéditos por la cuestión política ante el cambio de gobierno; las estructuras sociales, políticas y económicas están en plena renovación; el debate anticorrupción y la constante zozobra de violencia e inseguridad permea en el ambiente del cambio; las críticas a los cambios y reformas estructurales del gobierno saliente están en absoluta discordancia entre los que se van y entre los que vienen.

En este ambiente enrarecido, se presenta una crisis de cambio de sexenio, que tiene que ver con el fenómeno migratorio que viene de Centroamérica, los representantes del gobierno saliente y los nuevos funcionarios y legisladores no se ponen de acuerdo, en los cómo y cuándo asistir la llamada caravana migrante, que cumple casi treinta días de su aparición en las fronteras de México, y para cuando se escriben estas reflexiones, avanza sin descanso dividida en cuatro caravanas.

Así tenemos que la primera caravana, compuesta principalmente de migrantes hondureños, a la fecha (10 noviembre 2018), ya avanza desde la ciudad de México, en partes, y algunos pasan la ciudad de Querétaro (la avanzada, otros están llegando a esa ciudad, y cerca de la mitad salen desde esta madrugada de las instalaciones de la Magdalena Mixhuca, contingente cercano a las 5 mil personas.

Para hacer un corte estadístico del avance de las tres caravanas que por ahora ya se encuentran dentro del territorio mexicano, anexo veremos un cuadro que contabiliza los integrantes de ellas.

Se observa en dicho cuadro, el número de caravana, la fecha de entrada al país, el número de total de integrantes y por fracción según su actual ubicación (fecha del reporte: sábado 10 de noviembre de 2018), dando un total general de 7 mil 362 migrantes centroamericanos, la mayoría de origen hondureño, siguiendo el grupo de salvadoreños y por último, en menor proporción de guatemaltecos.

CARAVANAS DE MIGRANTES		
Caravana	Ingreso al país	Descripción
Primera	19/oct	**Estado de México. 3,320** se dirigen a la caseta de la autopista México-Querétaro, en Tepotzotlán. Algunos caminan por carriles laterales del Boulevard Manuel Ávila Camacho (Periférico Norte). Otros abordaron camiones de transporte público y de carga. **CDMX. 60** permanecen en el deportivo Magdalena Mixhuca. Ayer, 35 migrantes (15 menores) decidieron retornar a su país. **Querétaro. 650** caminan a la autopista de cuota a Celaya; su destino es Irapuato. De éstos, 40 abordaron un tracto camión para llegar a Guadalajara, Jal. **190** permanecen en inmediaciones del estadio "La Corregidora". Un hombre solicitó retornar a su país. **Sinaloa. 85** migrantes a bordo de 2 autobuses ingresaron al estado, en su trayecto hacia Tijuana, BC. Pretenden hacer una escala en Mazatlán. **60** restantes en tránsito Guanajuato y Tijuana, BC. **TOTAL: 4,365**
Segunda	29/oct	**Veracruz. 1,050** integrantes se encuentran en el mercado municipal de Sayula de Alemán, donde pernoctaron. **TOTAL: 1,050**
Tercera	02/nov	**Oaxaca. 1,947** extranjeros irregulares continúan en el albergue provisional de la cancha deportiva "Emiliano Zapata", en Matías Romero Avendaño. Prevén reanudar su trayecto el 11/11 hacia Veracruz. **TOTAL: 1,947**
TOTAL GENERAL: 7,362		

Fuente: Elaboración propia en base a datos de la Secretaria de Gobernación. 10/11/2018.

FORO LEGISLATIVO MIGRANTE

En medio de este grave dilema, esta semana se celebró un Foro Migrante en el Congreso de la Unión, mismo que muestra voces discordantes sobre la forma de atender el problema migratorio, tanto el de las propias caravanas, como el propio problema migrante de nuestros paisanos mexicanos, que ahora están regresando más de los que están emigrando hacia los Estados Unidos de América.

A continuación se presenta una reseña publicada esta viernes 9 de noviembre, sobre los trascendidos del foro citado:

Grave demagogia del gobierno en tema migrantes, sin fondos para su retorno (Reseña del Foro Diálogo Sociedad Civil para la Movilidad Humana).

La presidenta de la Comisión de Asuntos Migratorios, Julieta Kristal Vences Valencia (Morena), aseguró que si los programas para migrantes no cuentan con recursos económicos, sólo son demagogia; por ello, informó, lucharán para que el presupuesto 2019 incluya percepciones que les lleguen directamente y los visibilice, a fin de lograr verdaderos avances.

Durante el foro "Diálogo de la Sociedad Civil de los Retos en México de la Movilidad Humana", realizado en el Palacio Legislativo de San Lázaro, consideró que ha faltado voluntad política para atender las demandas de este sector y anunció que "sacarán de la congeladora la propuesta para un fondo de movilidad", pues es una necesidad.

Se pronunció a favor de políticas migratorias que beneficien a las personas, pues "hasta ahorita no han tenido un enfoque humanitario". Aseguró que la Comisión a su cargo trabajará para que las propuestas del foro no queden en letra muerta y ayuden a lograr una nueva política migratoria.

Por el PAN, la diputada María Eugenia Leticia Espinosa Rivas comentó que su fracción parlamentaria pugnará por la regulación de incentivos fiscales para empresas que generen empleos a compatriotas migrantes en retorno y a adultos mayores. Mencionó que la principal población migrante es de jóvenes, lo cual agudizará con el paso del tiempo.

De Movimiento Ciudadano, la diputada Pilar Lozano Mac Donald pidió que la agenda migrante dé un paso más allá, para que las propuestas se puedan llevar a cabo, y aseguró que la mayoría de las ideas vienen de migrantes. Enfatizó que harán todo lo posible para "hacer del voto electrónico una realidad". La diputada Mariana Rodríguez Mier Y Terán, del PRI, se pronunció por una estrategia que vele por la seguridad de migrantes y les brinde un trato digno durante su tránsito, sin olvidar el problema de fondo que es apoyar a los países de origen. La diputada María Teresa Rebeca Rosa Mora Ríos (Morena) pidió generar conciencia acerca de la importancia de los asuntos migratorios en nuestro país. Compete a todos la búsqueda de soluciones y mejores condiciones de vida, expresó. Su compañero de fracción, diputado Oscar Rafael Novella Macías, aseguró que la llamada Caravana Migrante es más un éxodo de hondureños que huyen de su país en busca de otras condiciones de vida, por lo que el gobierno mexicano debe tratarlos con una perspectiva humanitaria, con apego a los tratados internacionales y una visión solidaria.

Del mismo grupo parlamentario, el diputado Samuel Herrera Chávez señaló que no existe certidumbre sobre las acciones que realiza México en torno a los migrantes, a pesar de que nuestro país rebasa el número de expulsiones que hace EU. "Las fronteras no son los límites que ponen los Estados, sino los que tenemos en la mente y en nuestro actuar, al no buscar la igualdad de derechos para todos".

La diputada del PT, Claudia Angélica Domínguez Vázquez expresó que esta reunión forma parte del modelo de parlamento abierto, a fin de escuchar y legislar a partir del conocimiento. Pidió que el próximo presupuesto considere partidas para la credencialización de migrantes, los consulados y un protocolo integral de defensoría para deportación y retorno voluntario, así como un modelo de banca migrante, a través de una iniciativa.

Jesús Peña Palacios, Representante Adjunto en México del Alto Comisionado de la ONU, estimó importante asegurar la compatibilidad de la Ley de Migración y de la Ley de Refugio y Protección, complementaria de Asilo Político, con la Ley General de Derechos de las Niñas y Niños, para prohibir la detención de menores y sus familiares, en las estaciones migratorias.

Al participar en el tema "Diagnóstico de la Política de Estado en México respecto al tema de movilidad humana. El Papel del Poder Legislativo", el comisionado de la ONU señaló que "el hecho de que sean niños tiene prevalencia sobre su estatus migratorio, por lo que no deben ser privados de su libertad ni separados de sus papás".

En relación con los movimientos de migración interna en México, destacó el caso de quienes son desplazados de manera forzosa, por cuestiones de seguridad, y de los cuales no existe un registro de cuántos son los afectados.

Con el tema "Tendencias y Retos de las Políticas del Estado en Materia de México y la Región", el catedrático de la Universidad Autónoma de Zacatecas, Rodolfo García Zamora, comentó que, en los últimos 60 años en México, se han detectado fuertes movimientos poblacionales internos, en búsqueda de mejores condiciones de vida.

"La migración no es prioridad para ningún gobierno federal, local o municipal, a pesar de que el año pasado se recibieron más de 28 mil 700 millones de dólares por remesas. El desafío es construir las nuevas políticas de desarrollo humano y migración".

Melissa Vértiz, del Grupo de Trabajo sobre Política Migratoria, instó a que el gobierno federal y el de los estados procuren los derechos de migrantes en general, no sólo de la caravana de centroamericanos, y se garantice la solicitud de asilo, así como el otorgamiento de visas humanitarias con derecho a trabajar. Durante el foro, migrantes exigieron reforzar su derecho al voto desde el extranjero, así como a garantizar la protección de sus derechos humanos, pues camino hacia Estados Unidos sufren incontables vejaciones, incluso abuso sexual y homicidio.

Solicitaron un seguro de desempleo para los que son repatriados, y que sean tomados en cuenta para curules en los estados de la República, así como recursos para las organizaciones civiles que apoyan a este sector [...] Fin Reseña.

2. Excelente reseña del Foro migrantes. Sólo falta aclarar los variados temas. Una cosa es atender nuestra propia dinámica migratoria (expulsados y deportados - reinserción productiva); y otra, es el fenómeno transnacional de las caravanas y éxodos de centroamericanos.

Es un tema multifactorial con muchas aristas. A veces es peor el remedio que la enfermedad. "México ya no es país de tránsito, ya va siendo país de destino". Esto es una verdadera crisis migratoria que rebasa la propia capacidad del Estado.

BARRERA DEL GOBIERNO DE TRUMP PARA EVITAR A LA CARAVANA

Pero las 5,600 tropas estadounidenses que se apresuraron hacia el matorral seco y marrón a lo largo de la frontera suroeste aún siguen los movimientos de una misión elaborada que parecía ser puesta en acción por un comandante en jefe decidido a llevar a sus partidarios a las urnas, y Liderazgo del Pentágono incapaz de convencerlo de sus peligros.

Punto de vista de la ONU - OIM

De acuerdo al reporte citado de la Organización Internacional para las Migraciones (Organización Internacional para las Migraciones, 2018), [...] La migración hacia el norte es la tendencia predominante en América Central, México y el Caribe, pero existen otras tendencias intrarregionales que merece la pena mencionar.

México, desde donde miles de personas emigran cada año principalmente a los Estados Unidos de América, sigue ocupando una posición destacada como país de origen. También es un importante país de tránsito para los migrantes que viajan hacia el norte en dirección a la frontera sur de los EUA.

Sin embargo, debido a la mejora de su situación económica y al aumento del nivel educativo del país, así como al cumplimiento más estricto de las leyes de inmigración en los EUA, México se está convirtiendo en un país de destino cada vez más atractivo para los migrantes internacionales.

En México, el número total de habitantes nacidos en el extranjero pasó de 970,000 en 2010 a casi 1.2 millones en 2015; la mayoría de ellos eran estadounidenses, pero un porcentaje cada vez mayor procede de otros países de América Latina y el Caribe.

Con todo, los EUA es de lejos el destino más popular de los migrantes de América Central: en 2015, el 78% de los migrantes centroamericanos vivía en los EUA, y solo el 15%, en otros países de la región y en México.

Los corredores migratorios intrarregionales más importantes son el corredor de migrantes de Nicaragua, Panamá y otros países de América Central hacia Costa Rica con fines de trabajo temporal o permanente y el de migrantes de países de América Central (principalmente, Honduras, Guatemala y El Salvador) hacia Belice debido a la situación de inestabilidad y la falta de oportunidades laborales en sus países de origen. En el Caribe, el corredor intrarregional más importante es el que se extiende desde Haití hasta la República Dominicana.

Los flujos de migración irregular en la región están cambiando y diversificándose cada vez más. Durante muchos años, la inmensa mayoría de los migrantes irregulares detenidos al intentar cruzar la frontera de los EUA y México eran mexicanos. Sin embargo, en 2014, y nuevamente en 2016, las detenciones de centroamericanos procedentes de la región del Triángulo Norte, compuesta por Guatemala, Honduras y El Salvador, superaron en número a las de mexicanos en la frontera de los Estados Unidos de América y México.

Además, los flujos de migración irregular a través de América Central y México se han diversificado considerablemente para dar cabida a una gran cantidad de migrantes caribeños, así como a un número cada vez mayor de asiáticos y africanos. En total, durante el año fiscal 2015, se produjeron más de 55,000 detenciones de migrantes no latinoamericanos en la frontera de los Estados Unidos de América y México. Más de 6,000 migrantes haitianos "inadmisibles" (inadmissible) alcanzaron los puertos de entrada de la frontera sudoccidental de los EUA durante el año fiscal 2015, mientras que casi 8,000 migrantes africanos y asiáticos llegaron a los puestos de control de inmigración de México en la primera mitad de 2016, un aumento considerable respecto de años anteriores.

La diversificación y aparición de nuevos flujos migratorios en la región ha llevado a varios países de tránsito y de destino a incrementar el control y la protección de sus fronteras. Como respuesta al aumento de los flujos de migración irregular, en particular de cubanos y haitianos, Nicaragua cerró su frontera sur en noviembre de 2015, mientras que Costa Rica prohibió la entrada de cubanos en diciembre de 2015 y cerró sus fronteras a todos los migrantes irregulares en agosto de 2016.

Además, México puso en marcha el "Programa Frontera Sur" en 2014 con objeto de reducir los flujos de migración irregular desde América Central. Entre 2013 y 2015, el número de detenciones realizadas por las autoridades mexicanas pasó de más de 86,000 a más de 198,000.

El tráfico de migrantes también es un rasgo característico de la región, donde las personas intentan eludir los controles fronterizos de América Central y México. A lo largo de la frontera entre los EUA y México, las redes de tráfico de migrantes constituyen una lucrativa industria controlada por grupos de delincuencia internacional.

Es bien sabido que los migrantes objeto del tráfico son sometidos frecuentemente a prácticas abusivas, que van desde la exigencia de sobornos hasta los secuestros en masa y la extorsión. Al parecer, existen pocas posibilidades de capturar a los traficantes, ya que muchos de ellos se hacen pasar por migrantes irregulares y suelen ser repatriados en lugar de detenidos.

La situación socioeconómica y la violencia comunitaria generalizada en algunos países de América Central fomentan la migración, especialmente de un gran número de mujeres y niños. En 2015, el número de solicitudes de asilo de países del Triángulo Norte (El Salvador, Honduras y Guatemala) presentadas en los EUA aumentó más de un 250% con respecto a 2013 y fue el doble que en 2014.

También aumentó de manera sustancial el número de menores migrantes no acompañados procedentes de América Central y se incrementaron un 1,200% las detenciones de menores no acompañados en la frontera de los EUA y México entre los años fiscales 2011 y 2014. Además, el número de solicitudes de asilo presentadas en México registró un aumento notable en los últimos años y se incrementó en un 155%, pasando de más de 3,400 en 2015 a casi 8,800 en 2016.

En América del Norte, predominan los flujos migratorios de entrada a la región, más de 51 millones de migrantes procedentes de diversas regiones residían en América del Norte en 2015. El grupo más numeroso estaba formado por personas originarias de América Latina y el Caribe (25 millones), Asia (15.5 millones) y Europa (7.5 millones). Durante los últimos 25 años, el número de migrantes en América del Norte prácticamente se ha duplicado, impulsado por el crecimiento demográfico en América Latina y el Caribe, y Asia, y el crecimiento económico y la estabilidad política de América del Norte.

Los diez principales corredores migratorios relacionados con países de América del Norte, los cuales representan una acumulación de movimientos migratorios producidos a lo largo del tiempo y ofrecen una idea general del modo en que los patrones de migración en determinados países de destino han dado lugar a extensas poblaciones de foráneos.

Los principales corredores migratorios de América del Norte están constituidos por grupos de migrantes de Asia o de América Latina y el Caribe que se desplazan hacia los EUA.

Los migrantes nacidos en México conforman el grupo más numeroso; más de 12 millones de mexicanos vivían en los EUA en 2015. Tras ellos, los grupos más numerosos están formados por ciudadanos de países asiáticos altamente poblados, como China, la India y Filipinas. Otros extensos grupos de migrantes de Viet Nam, la República de Corea y Cuba presentes en los Estados Unidos de América aumentaron rápidamente a raíz de los conflictos o cambios políticos que se produjeron en sus países hace muchos años.

En 2016, los EUA acogieron a más de 700,000 refugiados y solicitantes de asilo, la mayoría de ellos eran solicitantes de asilo. Los refugiados procedían de una gran variedad de países; sin embargo, los grupos más numerosos procedían de China, Haití, El Salvador, Guatemala, Egipto y Etiopía. El Canadá también acoge a una gran población de refugiados. Los principales países de origen de estos refugiados son Colombia y China.

En 2015, los migrantes nacidos en México seguían siendo, con creces, la mayor población de origen extranjero de los Estados Unidos de América, con más de 12 millones de personas. Sin embargo, ahora hay menos mexicanos que migran a los EUA. Más allá de los obstáculos económicos impuestos por la lenta recuperación de la economía estadounidense después de la crisis financiera mundial de 2008 y de los obstáculos derivados del cumplimiento de la normativa en materia de inmigración, muchos mexicanos y sus hijos están optando por regresar voluntariamente a México. Por ejemplo, entre 2009 y 2014, 870,000 mexicanos migraron a los EUA, mientras que un millón de inmigrantes mexicanos que vivían en los EUA regresaron a

México junto a sus hijos nacidos en territorio estadounidense. Los mexicanos que regresaron a México citaron la reunificación familiar como principal motivo de retorno.

En cambio, el número de centroamericanos viviendo en los EUA se duplicó entre 1980 y 2015. En 2015, después de los mexicanos, los migrantes asiáticos —procedentes sobre todo de China, la India y Filipinas— conformaban las principales poblaciones de los Estados Unidos de América nacidas en el extranjero. China y la India han superado a México en términos de número de llegadas de inmigrantes a los EUA. Se prevé que esta tendencia se mantenga, y las estimaciones actuales indican que en 2055 los inmigrantes asiáticos formarán el grupo más numeroso de población nacida en el extranjero en los EUA.

La principal vía de inmigración a los EUA de los migrantes asiáticos es el visado patrocinado por la familia. Sin embargo, muchos de ellos son estudiantes; en el periodo 2014- 2015, los estudiantes asiáticos representaron el 76% de los estudiantes internacionales matriculados en instituciones de enseñanza superior de los Estados Unidos de América [...] Fin de cita.

A MANERA DE CONCLUSIÓN

Se pueden adelantar algunas conclusiones, ante los acontecimientos presentados durante los 35 días registrados de avance de las tres caravanas de migrantes centroamericanos. Primero se infiere, que la forma de atención hasta ahora experimentada del problema migrante de centroamericanos en tránsito por México, con rumbo final el cruce de la frontera con EUA, ha cambiado (Lera, El Fin de las Caravanas en este nuevo Capítulo, 2018).

Por un lado, acepto que me equivoqué al pensar que el grueso de las caravanas se enfilaría hacia las fronteras de Nuevo Laredo y Reynosa Tamaulipas.

Por otra parte, leyendo las constantes amenazas y declaraciones del presidente Donald Trump, interpretamos que la mayor parte de los 7 mil migrantes de estas tres caravanas, no podrán cruzar la frontera norteamericana, por lo que estarán por mucho tiempo dentro de la frontera mexicana, estancados en Tijuana, Baja california, México, principalmente. Se conoce que en Ciudad Juárez, Chihuahua; Nuevo Laredo, Reynosa y Matamoros, Tamaulipas, no han arribado grandes contingentes como se estimó en un principio.

Por este nuevo escenario, se convierte cierta la respuesta a nuestra pregunta de inicio de este fenómeno (12 de octubre 2018), que dice así ¿Serán estas nuevas caravanas masivas el final del viejo "sueño americano", y el inicio de un nuevo "sueño mexicano"? Respuesta: Esta experiencia aparenta que así lo será.

Entendiendo con esto, que México dejará de ser un país de tránsito de centroamericanos y migrantes de otros países, para convertirse en el nuevo destino donde los migrantes verán la posibilidad de encontrar aquí la opción de un nuevo estilo de sobrevivencia.

En principio, México venía siendo por años un país de solo tránsito de migrantes de Centroamérica. Al cruzar las carreteras, lo hacían en forma sigilosa, ordenada, parcialmente (por cuenta gotas), bajo perfil, haciéndose pasar por migrantes mexicanos. Durante este trayecto, muchas veces, eran capturados por traficantes de personas (polleros), los que se encargan de llevarlos en diferentes transportes, desde el origen hasta el destino, algunas veces en contra de su propia voluntad y a cambio de fuertes cantidades de dinero. Al registrarse caravanas, las primeras eran menores de 300 personas, siempre en el marco de algunas fiestas religiosas, como es el caso de la época de semana santa (marzo y abril de cada año).

JORGE ALFREDO LERA MEJÍA

Al incrementarse cada vez más las amenazas de los traficantes de personas; por un lado, no permitiendo el libre paso de los migrantes, algunas veces en contubernio de las propias autoridades migratorias, se fue generalizando la mala fama que a los migrantes centroamericanos se les provocarían levantones y secuestros masivos, durante el paso por las rutas mexicanas. Esto provocó que fueran cambiando la manera y los medios para cruzar nuestras tierras.

El nuevo uso de caravanas, con muchos migrantes - arriba de mil personas cada una - familias enteras, personas con alguna discapacidad, mascotas, incluso niños solos y mujeres embarazadas, y la organización de ellas por especialistas en movilizaciones humanas, como el caso de la ONG "Pueblos sin Fronteras" y la OSC del Padre mexicano Alejandro Solalinde, buscan aminorar los riesgos en tránsito. Por lo que dieron forma para que éstas, de ser hechos aislados y no masivos, resultaran en lo que está sucediendo desde el 12 de octubre, con una caravana inicial desde San Pedro Sula Honduras, de mil gentes, que se fue haciendo masiva en el trayecto. Además se fue generalizando con la suma de otros migrantes de pueblos vecinos de El Salvador y Guatemala, incluso de otros continentes, regiones y los propios pueblos mexicanos del sureste.

Ésta caravana se viralizó y se contagió, tanto por las redes sociales (Twitter, Facebook, Instagram) y los medios masivos de información, haciéndose mediática. Se reprodujo en forma exponencial, arrastrando grandes grupos humanos del mismo Honduras (caravana original), así como de El Salvador, Guatemala, Nicaragua, Cuba, Haití, África, entre otros países de la región y de Sudamérica.

Sin embargo, también habrá que reconocer que estas caravanas no se originan por generación espontánea y natural. Entendiendo y aceptando las causas principales que las originan - hambre, desempleo, pobreza, desigualdad, violencia, discriminación sexual y de género, problemas políticos -, atrás de estos éxodos humanos, se encuentran mentes criminales, algunas veces amparadas en grupos políticos, pandillas de la región, en grupos no gubernamentales (ONG's), algunas de buena Fe, otros no tan inocentes.

Aquí es donde el trinomio de la política, caravanas de migrantes y la "trata y tráfico de personas", aparece al centro del problema. No es casual, que este fenómeno aparezca en tiempos de cambio político del gobierno mexicano - El 1 de diciembre de 2018 toma posesión el nuevo gobierno de Andrés Manuel López Obrador -, desde las campañas políticas (enero a junio de 2018), fue muy criticada la forma de gobernar del presidente Enrique Peña Nieto, denostando las llamadas reformas estructurales. Entre otras, fueron muy cuestionadas las políticas migratorias, los derechos humanos; principalmente, hubo fuerte oposición a las políticas de seguridad interior, por el uso de las fuerzas armadas en cuestiones internas.

Externamente a las políticas del propio país, sobresale la forma como el gobierno del presidente de Estados Unidos, Donald Trump, ha venido abordando al fenómeno migratorio. Desde el tiempo de campaña electoral, viene abanderando el tema migratorio como parte central de su discurso.

La narrativa para la construcción del Muro fronterizo, que lo pagaría México, que los migrantes son gente criminal, que se aprovechan de ellos y se insertan grupos terroristas de medio oriente, entre muchas otras "Fake News" del presidente, lo hicieron posicionarse en una gran masa de votantes norteamericanos, que creyeron en sus dichos mal intencionados.

Ahora en este segundo momento de las caravanas de centroamericanos, Trump aprovechó el tema y dio a entender que lo migrantes centroamericanos eran una "amenaza a la seguridad interior de los EUA", con ello justificó la actual militarización de la frontera sur de EUA con México, utilizando cerca de 5 mil 600 militares, que realizan labores de vigilancia y refuerzo de los cercos con "alambradas de púas y de navajas". Se puede decir que EUA tiene un militar, agente de inmigración o policía en la frontera, por cada uno de los 7 mil migrantes de las caravanas en tránsito.

La respuesta de las recientes votaciones por elecciones intermedias de EUA, donde se renovó la Cámara de Representantes (diputados) y de Senadores, no fue la esperada por Donald Trump, perdiendo la mayoría de la llamada cámara baja, contra el partido Demócrata. Esto está demostrando que cada día los norteamericanos creen menos en los discursos xenofóbicos de su presidente.

Sin embargo debemos reconocer un hecho real por este actualizado problema de las caravanas y éxodos de centroamericanos. A la hora que termino de redactar estas últimas reflexiones, ya se encuentran cerca de 4 mil centroamericanos hondureños en la frontera de Tijuana con California, EUA. Se conoce que están en tránsito otros grupos de migrantes de la segunda y tercera caravana, estimándose que en pocos días se registren alrededor de 7 mil migrantes en ese punto neurálgico. Otros mil lo harán entre Ciudad Juárez y Nuevo Laredo Tamaulipas.

Por otra parte, reconocemos que lo migrantes escogieron la ruta más larga para llegar a su meta de Estados Unidos, dejando detrás la ruta tradicional y más corta, que es la de la Costa del Golfo de México por medio de los estados de Veracruz y Tamaulipas. Este nuevo fenómeno se explica por el temor de ser amenazados por los grupos criminales de esa región, que por ahora los están esquivando.

Sin embargo, ya se registran grupos aislados y separados del grueso de las tres caravanas, al difundirse que en Nuevo Laredo ya arribaron esta semana (14 de noviembre de 2018)

250 migrantes de Centroamérica, otro número similar lo hicieron en las ciudades de Reynosa y Matamoros Tamaulipas. La hipótesis inicial de mis relatos fue contradicha, al estimar que la mayoría de migrantes de las tres caravanas escogerían la ruta de Tamaulipas. Hoy ya están en Tijuana.

Finalmente, podemos afirmar que este fenómeno aún no termina, veremos en los próximos días el desenlace de esta triste historia de éxodos humanos huyendo de sus países por la violencia y marginación, pero lo más preocupante será saber si los migrantes una vez concentrados en la suma total (7 mil personas) en la ciudad de Tijuana, optarán por violentar la entrada a los Estados Unidos, en lo que ellos llaman "El Portazo Desesperado", retando al presidente Donald Trump, al decir que ellos no se dejarán intimidar como lo hicieron las autoridades mexicanas, y que si sus fuerzas del orden son golpeadas, incluso con piedras, ellos podrían reaccionar con el uso de armas de fuego.

Este fenómeno migratorio podrá tener tres posibles desenlaces:

1. Estados Unidos les podrá dar asilo político humanitario, en forma ordenada y con esperas de largo plazo; 2. EUA no permitirá que entren a su frontera, y los migrantes aceptarían quedarse a trabajar en las fronteras mexicanas, con visas temporales; 3. Otros menos, podrían recibir visas de trabajo del Canadá. La minoría restante, aceptará el programa de retorno seguro.

Si se presenta asilo y acogida laboral por los tres gobiernos citados, lo que se estima pudiera suceder, provocará que el nuevo fenómeno de las caravanas masivas estilo éxodos de migrantes, se establecerían como un precedente y una nueva forma de movilidad migratoria, amenazando por ir despoblando a los países pobres de Centroamérica, así como del resto del mundo marginado.

Por lo que la solución integral y estructural, no está en reprimir a los migrantes, o de cuestionar las formas que ellos escojan para migrar libremente. La solución de largo plazo, deberá ser atender las causas que originan los fenómenos migratorios desde los tiempos que existe la humanidad. Atender las causas de la pobreza, miseria, hambre, desigualdad y violencia. La respuesta la tienen los políticos de los países pobres y poderosos. Al mundo le urge revisar y modificar las corrientes neoliberales de la economía. Es menester cambiar al modelo económico mundial.

REFERENCIAS BIBLIOGRAFICAS

Andrade, E. (17 de Agosto de 2017). VOTO MIGRANTE, RETO PARA EL INE. (http://www.reporteindigo.com/reporte/ine-migrantes-estados-unidos-voto-credencializacion-elecciones/, Ed.) *Reporte Indigo.*

Arizpe, Lourdes. (2007). Migración mexicana, interacción cultural, en Enriqueta Cabrera (comp.), *Desafíos de la migración. Saldos de la relación México-Estados Unidos,* México: Planeta.

Artola, Juan (2006). "México y sus fronteras: migración y seguridad", en Carlos Miranda Videgaray, Ernesto Rodríguez Chávez y J. Artola (coords.), *Los nuevos rostros de la migración,* México, INM/OIM/Gobierno del Estado de Chiapas, p. 110.

Banco Mundial. (14 de Junio de 2018). *La migración mundial puede ser una herramienta potente en el combate para poner fin a la pobreza en todo el mundo.* (B. Mudial, Editor) Recuperado el 5 de Octubre de 2018, de COMUNICADO DE PRENSA N.º 2018/185/DEC: https://www.bancomundial.org/es/news/press-release/2018/06/14/global-migration-can-be-a-potent-tool-in-the-fight-to-end-poverty-across-the-world-new-report

Bustamante, Jorge. (2002). *Migración internacional y derechos humanos,* México: UNAM.

Breenan, Thimothy, (2002). Internacionalism- Cosmopolitanism, en Debating Cosmopolitics, Editorial Verso, London.

Castañeda, Alejandra. (2005). El voto de los mexicanos en el extranjero: ciudadanía y pertenencia, en Pablo Castro (coord.), *Cultura política, participación y relaciones de poder*, México: El Colegio Mexiquense/Conacyt/UAEM.

Cornelius, Wayne A. (2007). "Una década experimentando con una política de control de la migración no deseada", en Enriqueta Cabrera (comp.), *Desafíos de la migración: saldos de la relación México-Estados Unidos*, México, Planeta, p. 275.

Cruz Zapata, B. (17 de Febrero de 2017). *EN LÍNEA DIRECTA*. Obtenido de Tema Migratorio rumbo a crisis humanitaria: http://www.enlineadirecta.info/noticia.php?article=302719

Escobar, Cristina. (2005). Migración y derechos ciudadanos: el caso mexicanoll, *Conferencia Migración México-Estados Unidos*, enero 27-30, Taxco: Princeton University/ IIS-UNAM.

Félix, M. (27 de Abril de 2017). *UNIVISIÓN*. Obtenido de Claves de la Ley SB4 para Prohibir Ciudades Santuario: http://www.univision.com/noticias/inmigracion/claves-de-la-ley-sb4-aprobada-en-texas-para-prohibir-las-ciudades-santuario

Fitzgerald, David, (2000). *Negotiating Extra-Territorial Citizenship. Mexican Migration and the Transnational Politics of Community*. 1ª edición. La Jolla, Ca.: CCISUniversity of California, San Diego.

Fox, Jonathan, Andrew Selee, y Xóchitl Bada. (2006). Conclusiones, en Xóchitl Bada, Jonathan Fox y Andrew Selee (coords.), *Al fin visibles. La presencia cívica de los migrantes mexicanos en los Estados Unidos*, Washington: Woodrow Wilson International Center for Scholars.

Gutiérrez, Mario. (2005). Migrantes, votos, remesas... La apuesta política de los ausentesǁ, en suplemento *Enfoque,* periódico *Reforma*, 16 octubre, México.

Gutmann, Amy (1999): Ciudadanía democráticaǁ, en Nussbaum, Marta C.: *Los límites del patriotismo. Identidad, pertenencia y "ciudadanía mundial"*. 1ª edición. Barcelona: Ediciones Piados Ibérica, S.A.

Habermas, Jürgen (1990): *Moral consciousness and communicative action.* 1ª edición. Cambridge, Ma.: MIT Press.

Habermas, Jurgen, (2000). *La Constelación posnacional.* p. 81-118. Editorial Paidós Barcelona.

Held, David (2001). *Modelos de democracia.* Ed. Alianza, Madrid.

Held, David (1997). *La democracia y el orden global.* Ed. Paidos, Barcelona.

Held, David (2002). *La democracia y el orden global.* Editorial Paidós, Barcelona.

Herrera Tapia, Francisco (2009). Ciudadanía y derechos políticos de los migrantes. Diálogo en la democracia, en: Migración, Democracia y Desarrollo: la experiencia mexiquense, Norma Baca Tavira (comp). IEEM, Toluca, Edo. Mex.

Ibarra, Francisco. (2007). La ciudadanía migrante, en *Biblioteca Digital. Repositorio Virtual de Material Bibliográfico.* Disponible en http:// dspace.icesi.edu.co/dspace/? Consulta realizada: 03/08/08.

Ímaz, Cecilia. (2006). *La nación mexicana transfronteras. Impactos sociopolíticos en México de la emigración a Estados Unidos*, México: UNAM.

Kymlicka, Will (1996). *Ciudadanía multicultural*, (Barcelona: Paidos).

Laborde, Adolfo (2010), *Reflexiones sobre el fenómeno migratorio de los mexicanos en los Estados Unidos Vol. II*, Editorial Plaza.

Le Texier, Emanuelle. (2003). Reseña de la dimensión política de la migración mexicana, en *Migraciones Internacionales*, año 2, núm. 1, enero-junio, Tijuana: Colegio de la Frontera Norte.

Mandujano, Saúl. (2003). El voto del mexiquense en el extranjero, en *Revista Iniciativa*, núm. 20, Instituto Estudios Legislativos Estado de México.

Martínez, Jesús. (2003). Reclamado el poder: los ciudadanos en el exterior y su impacto en la política mexicanall, en *Migraciones Internacionales*, vol. 2, núm. 2, julio-diciembre, Tijuana: El Colegio de la Frontera Norte.

Massey, Douglas S. (2003). *Patterns and Processes of International Migration in the 21st Century*. Paper prepared for Conference on African Migration in Comparative Perspective, Johannesburg, South Africa.

Notimex. (30 de Agosto de 2017). *NOTIMEX*. Obtenido de Justicia de EUA frena partes de Ley SB4: http://www.uniradioinforma.com/noticias/estadosunidos/492298/justicia-de-eua-frena-partes-polemicas-de-ley-texana-antinmigrante-sb4.html

ONU. (2014). *LOS DERECHOS HUMANOS Y LA TRATA DE PERSONAS*. Nueva York (https://www.ohchr.org/Documents/Publications/FS36_sp.pdf): Naciones Unidas (Folleto Informativo No. 36).

Organización Internacional para las Migraciones. (2018). *INFORME SOBRE LAS MIGRACIONES EN EL MUNDO 2018*. Ginebra: https://publications.iom.int/system/files/pdf/wmr_2018_sp.pdf.

Rodríguez, María. (28 de Marzo de 2017). *Datos básicos sobre inmigración en Estados Unidos.* Recuperado el 18 de Septiembre de 2017, de https://www.thoughtco.com/datos-basicos-sobre-inmigracion-en-eeuu-1965082:

Sánchez, D. (07 de Febrero de 2017). *Milenio Tamaulipas*. Obtenido de Deportados Tamaulipecos: http://www.milenio.com/region/deportados_tamaulipecos_tampico-milenio_noticias_0_898710195.html

Sánchez, D. (14 de Junio de 2017). *Milenio Tamaulipas*. Obtenido de Remesas Tamaulipas van a la baja: http://www.milenio.com/region/remesas-tamaulipas-milenio_noticias_0_974902611.html

Tovar, S. (28 de Agosto de 2017). *EL MAÑANA*. Obtenido de Alerta Consulado Ley SB4: https://www.elmanana.com/alertaalconsuladolanuevaleysb4-4021749.html

TRAC. (2017). *Deportaciones en estado Unidos.* Washington: Universidad de Syracuse.

Zapata, M. (09 de Julio de 2017). *EL DIARIO DE VICTORIA*. Obtenido de Aumentan remesas de pueblos (pequeños) de Tamaulipas: http://www.eldiariodevictoria.com/2017/07/09/aumentan-remesas-pueblos-tamaulipas/

REFERENCIAS PARTE SEGUNDA: RELATOS JORGE A. LERA MEJÍA:

Lera, J. (30 de Agosto de 2016). *Transmigrantes denizen y sus derechos*. Obtenido de http://www.ultimasnoticiasenred.com.mx/opinion/transmigrantes-denizen-y-sus-derechos/

Lera, J. (29 de Septiembre de 2017). *Trump sigue deportando y el ITM apoyando*. Recuperado el 26 de Octubre de 2018, de Foro Político de Reynosa: http://foropolitico.com.mx/opinion-economica-513/

Lera, J. (10 de Noviembre de 2017). *deportaciones atendidas por FGCV*. Recuperado el 26 de Octubre de 2018, de El Reportero: http://elreportero.mx/?p=7045

Lera, J. (17 de Enero de 2017). *EL ECONOMISTA*. Obtenido de Divisas amenazadas en la frontera: http://eleconomista.com.mx/estados/2017/01/17/envio-remesas-mayor-impacto-region-centro-occidente

Lera, J. (18 de Diciembre de 2017). *FGCV y el Día del Migrante en Tamaulipas*. Recuperado el 26 de Octubre de 2018, de Hoy Tamaulipas: http://www.hoytamaulipas.net/notas/323729/FGCV-y-el-Dia-del-Migrante-en-Tamaulipas.html

Lera, J. (2 de Diciembre de 2017). *FGCV: Migración Cero y efecto en remesas*. Recuperado el 26 de Octubre de 2018, de El Reportero: http://elreportero.mx/?p=8458

Lera, J. (13 de Diciembre de 2017). *FGCV: pasar de recepción a reinserción de deportados*. Recuperado el 26 de Octubre de 2018, de Hoy Tamaulipas: http://www.hoytamaulipas.net/notas/323260/FGCV-pasar-de-recepcion-a-reinsercion-de-deportados.html

Lera, J. (26 de Octubre de 2017). *FGCV-ITAM: Migración y Odio Vs. Migrantes.* Recuperado el 25 de Octubre de 2018, de Muro Político: https://muropolitico.mx/2017/10/26/opinion-economica-fgcv-itam-migracion-odio-vs-migrantes/

Lera, J. (3 de Septiembre de 2017). *Impacto Ley texana SB4 en Remesas Tamaulipas.* Recuperado el 26 de Octubre de 2018, de Muro Político: https://muropolitico.mx/2017/09/03/opinion-economica-impacto-ley-texana-sb4-en-remesas-tamaulipas/

Lera, J. (23 de Marzo de 2017). *La Luz de Tamaulipas.* Obtenido de Deportados tamaulipecos de subida: http://laluzdetamaulipas.mx/2017/03/23/deportados-tamaulipecos-en-subida/

Lera, J. (12 de Diciembre de 2017). *Migrantes y su participación electoral.* Recuperado el 26 de Octubre de 2018, de El Reportero: http://elreportero.mx/?p=9097

Lera, J. (6 de Diciembre de 2017). *Rosas, FGCV y Atención a Migrantes.* Recuperado el 25 de Octubre de 2018, de La Luz de Tamaulipas: http://laluzdetamaulipas.mx/2017/12/06/rosas-fgcv-atencion-migrantes/

Lera, J. (13 de Octubre de 2017). *TLC y la Frontera Frágil de Tamaulipas.* Recuperado el 26 de Octubre de 2018, de El Reportero: http://elreportero.mx/?p=4979

Lera, J. (28 de Junio de 2017). *UAT Participa en Primer Foro Migrante.* Obtenido de Noreste Digital: http://norestedigital.net/?p=47062

Lera, J. (22 de Junio de 2018). *¿Niños migrantes por Tamaulipas?* Recuperado el 27 de Octubre de 2018, de Últimas Noticias en Red: http://www.ultimasnoticiasenred.com.mx/opinion/ninos-migrantes-por-tamaulipas/

Lera, J. (30 de Enero de 2018). *CdeV: capacitación a deportados*. Recuperado el 27 de Octubre de 2018, de Muro Político: https://muropolitico.mx/2018/01/30/opinion-economica-cdev-capacitacion-a-deportados/

Lera, J. (1 de Octubre de 2018). *CONOFAM coincide en más protección a migrantes repatriados*. Recuperado el 5 de Noviembre de 2018, de Merdidiano de Hoy: http://www.meridianodehoy.mx/wp/2018/10/01/conafam-coincide-en-mas-proteccion-a-migrantes-repatriados/

Lera, J. (29 de Agosto de 2018). *Diáspora migrante y amenaza de deportaciones masivas*. Recuperado el 26 de Octubre de 2018, de Últimas Noticias en Red: http://www.ultimasnoticiasenred.com.mx/opinion/diaspora-migrante-y-amenaza-de-deportaciones-masivas/

Lera, J. (11 de Febrero de 2018). *DIF: Riesgos por Menores Transmigrantes*. Recuperado el 27 de Octubre de 2018, de El Reportero: http://elreportero.mx/?p=12241

Lera, J. (17 de Noviembre de 2018). *El Fin de las Caravanas en este nuevo Capítulo*. Recuperado el 18 de Noviembre de 2018, de Imagen Conurbada: http://www.imagenconurbada.com/columnas/el-fin-de-las-caravanas-en-este-nuevo-capitulo/?fbclid=IwAR3Rv8offUh5uLAhnP5D1SHWC6WrmLclsTeUgKh4C5AcDCUijYXua-fRLql

Lera, J. (4 de Noviembre de 2018). *Éxodo centroamericano causado por corrupción, desigualdad y violencia*. Recuperado el 11 de Noviembre de 2018, de Noreste Digital: http://norestedigital.net/2018/11/04/opinion-economicaagenda-complicada-de-amlo-por-hollos-fiscales-dr-jorge-a-lera-mejia/

Lera, J. (8 de Enero de 2018). *La migración de Mexico hacia EUA*. Recuperado el 26 de Octubre de 2018, de Noti Rey de Reynosa: http://notireytamaulipas.mx/web/la-migracion-de-mexico-hacia-eua/

Lera, J. (16 de Abril de 2018). *La Odisea de migrantes y transmigrantes*. Recuperado el 27 de Octubre de 2018, de La Luz de Tamaulipas: http://laluzdetamaulipas.mx/2018/04/16/la-odisea-migrantes-transmigrantes/

Lera, J. (19 de Septiembre de 2018). *Licencias y Ferias de Servicios para Migrantes Tam*. Recuperado el 2 de Noviembre de 2018, de Meridiano de Hoy: http://www.meridianodehoy.mx/wp/2018/09/19/licencias-y-ferias-de-servicios-para-migrantes-tam/

Lera, J. (28 de Mayo de 2018). *Migración CERO por Tamaulipas*. Recuperado el 26 de Octubre de 2018, de Últimas Noticias en Red: http://www.ultimasnoticiasenred.com.mx/opinion/migracion-cero-por-tamaulipas/

Lera, J. (23 de Julio de 2018). *Migración se combate con proyectos productivos*. Recuperado el 28 de Octubre de 2018, de Muro Político: https://muropolitico.mx/2018/07/23/opinion-economica-migracion-se-combate-con-proyectos-productivos/

Lera, J. (11 de Septiembre de 2018). *Migrantes y deportaciones de mujeres y menores por Tamaulipas*. Recuperado el 27 de Octubre de 2018, de Últimas Noticias en Red: www.ultimasnoticiasenred.com.mx/opinion/migrantes-y-deportaciones-de-mujeres-y-menores-por-tamaulipas/

Lera, J. (28 de Agosto de 2018). *Por Tamaulipas deportan la tercera parte de Migrantes*. Recuperado el 29 de Octubre de 2018, de La Luz de Tamaulipas:

http://laluzdetamaulipas.mx/2018/08/28/
por-tamaulipas-deportan-la-tercera-parte-de-migrantes/

Lera, J. (2 de Noviembre de 2018). *Pueblos Sin Fronteras atrás del Éxodo*. Recuperado el 9 de Noviembre de 2018, de Últimas Noticias en Red: http://www.ultimasnoticiasenred. com.mx/opinion/pueblos-sin-fronteras-atras-del-exodo/

Lera, J. (3 de Enero de 2018). *Remesas de mexicanos salvan Economía*. Recuperado el 26 de Octubre de 2018, de Muro Político: https://muropolitico.mx/2018/01/03/opinion-economica-remesas-mexicanos-salvan-economia/

Lera, J. (2 de Febrero de 2018). *Remesas Tam cierra 2017 con 691 mdd*. Recuperado el 26 de Octubre de 2018, de Últimas Noticias en Red: http://www.ultimasnoticiasenred. com.mx/opinion/remesas-tam-cierra-2017-con-691-mdd/

Lera, J. (15 de Julio de 2018). *Remesas y abusos de empresas intermediarias*. Recuperado el 28 de Octubre de 2018, de Hoy Tamaulipas: http://www.hoytamaulipas.net/ notas/349157/Remesas-y-abusos-de-empresas-intermediarias.html

Lera, J. (30 de Agosto de 2018). *Remesas y temor de ser deportados en Tamaulipas*. Recuperado el 29 de Octubre de 2018, de Muro Político: https://muropolitico. mx/2018/08/30/opinion-economica-remesas-y-temor-de-ser-deportados-en-tamaulipas/

Lera, J. (24 de Marzo de 2018). *Respalda y orienta a repatriados el Instituto Tamaulipeco para los Migrantes*. Recuperado el 27 de Octubre de 2018, de La Luz de Tamaulipas: http:// laluzdetamaulipas.mx/2018/03/24/respalda-orienta-repatriados-instituto-tamaulipeco-los-migrantes/

Lera, J. (5 de Enero de 2018). *Tamaulipas crece en Remesas Productivas*. Recuperado el 26 de Octubre de 2018, de Muro Político: https://muropolitico.mx/2018/01/05/opinion-economica-tamaulipas-crece-en-remesas-productivas/

Lera, J. (27 de Octubre de 2018). *Tamaulipas Líder en Transmigrantes y Deportados*. Recuperado el 5 de Noviembre de 2018, de Meridiano de Hoy: http://www.meridianodehoy.mx/wp/2018/10/27/tamaulipas-lider-en-transmigrantes-y-deportados/

Lera, J. (3 de Agosto de 2018). *Tamaulipas tiende a 800 mdd en Remesas*. Recuperado el 28 de Octubre de 2018, de Foro Político de Reynosa: http://foropolitico.com.mx/opinion-economica-697/

Lera, J. (9 de Octubre de 2018). *Transmigrantes africanos: el nuevo fenómeno por Tamaulipas*. Recuperado el 5 de Noviembre de 2018, de Últimas Noticias en Red: http://www.ultimasnoticiasenred.com.mx/opinion/transmigrantes-africanos-el-nuevo-fenomeno-por-tamaulipas/

ACERCA DEL AUTOR

CURRÍCULUM ACADÉMICO

DR. JORGE ALFREDO LERA MEJÍA

Doctor en administración pública "Suma Cum Laude" (Mejor promedio del grupo: 9.74) por la UADCS-Universidad Autónoma de Tamaulipas (2014), titulado con Mención Honorífica (MH). Premio Tesis de calidad grado doctor en ciencias sociales 2014 (Secretaría de Investigación, UAT).

Maestro en economía y desarrollo regional por la UAT con Mención Honorífica (2002). Licenciado en economía por el ITAM (1982) y Licenciado administración por FCAT-UAT (1995).

Profesor-Investigador "D" en la UAMCEH-UAT. Nivel Uno del Sistema Nacional de Investigadores (SNI) del Conacyt (2017-2019). Perfil PRODEP 2016-2018.

Integrante del Cuerpo Académico Consolidado "Bienestar Económico y Social" de la FADYCS-UAT. Líneas de investigación sobre grupos vulnerables, desigualdad social y educativa, políticas públicas, migración y remesas.

Registro de investigador del RENIECYT-CONACYT desde 2011. Miembro desde 2002 de la Red de Estudios Municipales (RedEMun). Asociado del INAP, Subsecretario de la Federación Colegios de Economistas (FCNE) y Vicepresidente Noreste de la Liga de Economistas (LER).

Ex catedrático en la UNAM, ITAM, ULSA y El Colegio de Tamaulipas. Docente de cursos nivel maestría en UAMCEH de 2004-2012, El Colegio de Tamaulipas 2008-2009 y UACJS en mayo 2016. Docente nivel doctorado en FDyCS (2016-2017). Profesor HL en UAMCEH desde 2004-2012.

Autor y coautor de diez artículos en revistas indexadas, ocho capítulos de libros científicos y de siete libros sobre Migración y remesas (2015), Migración y codesarrollo (2015), Voto electoral (2015), Capital social y remesas (2016), Proyectos de irrigación (2016), Planeación urbana zona conurbada (2017) y Desigualdad social y educativa (2018).

Asesor de cinco Tesis nivel Licenciatura, Maestría y Doctorado. Tutor de grupos desde el año 2012.